50代からの「教養」格差

「学び直し」で人生の景色が一変する

JN208748

齋藤 孝

青春新書
INTELLIGENCE

はじめに

今世紀に入ったころからでしょうか、さまざまな分野で生じる「格差」が大きな社会問題になってきました。いま50代のみなさんは、社会人人生の大半をまさに「格差社会」のなかで生きてきたことになります。大変なご苦労があったと推察します。

けれども格差問題は、この先もまだまだ解消されません。50代のこれからの日々はもとより、還暦を迎えても、リタイアをした後も、厳然《げんぜん》として格差はあります。

ただし「所得」格差とか「資産」格差、「学歴」格差など、経済的な問題をはらむ格差からは、かなり自由になれます。平たく言えば、年齢とともにお金を使わなくなるからです。子どもの教育費がなくなるうえに、派手に遊び回ったり、贅沢な買い物をしたりすることへの欲求が薄れてきますからね。

では、どんな格差があるのか。ズバリ、「教養」格差です。

人生が終わるときまで、色彩も豊かに彩られた風景のなかを、ときにはエキサイティングに、ときにはのんびりと、思いのままに走らせることが可能です。

いざリタイアとなったときに「仕事列車」しかないと、列車が止まったときに立ち往生するばかり。いくら待っても、走り出すことはありません。新たに別の列車を走らせるしかないのです。

一番困るのは、別の列車を用意するまでに、どうしても「空白の時間」が生じることです。その期間が長引けば長引くほど、明日に向かって走り出す元気もやる気も削がれ、人生の活力が奪われてしまうからです。

だから50代のうちに、「いつでも乗りこめるイベント列車」を並行して走らせておくことが大事なのです。

あるいは50代は、本格的にシニアライフに入るまでの「助走期間」と捉えてもいい。走り幅跳びや棒高跳び、槍投げなどの陸上競技と同じで、助走でうまく勢いをつけられれば、シニアライフでより高いパフォーマンスが得られます。

いずれにせよポイントは、50代のうちにシニアトラックを用意し、ゆっくりでいいから走り始めること。スムーズに、また嬉々として、シニアライフに入っていけるでしょう。

時間に対する意識改革を

社会人になって約30年、「仕事以外の活動に価値はない」くらいの勢いで、仕事、仕事の毎日を送ってきませんでしたか？

50歳を過ぎても、しばらくはそういう状態が続くのではないかと推察します。それはしょうがないというか、ムリして仕事をセーブする必要はありません。ただちょっと困るのは、そういう人、とくに男性の多くに、いつの間にか、

「時間は仕事で埋めるもの」

という考えが身に染みついてしまっていることです。

やがて50代半ば、あるいは60歳前後を過ぎると、仕事だけでは時間が埋まらないという現実に突き当たります。

そうなると、まじめな仕事人間だったシニアたちはせっかく「自由な時間」という、こ

たとえば「書いて写す」ことを学び直しのテーマにして、「今日は『般若心経《はんにゃしんぎょう》』の写経をしよう。次は『歎異抄《たんにしょう》』を毎日一条、書き写そう。次は松尾芭蕉の句を毎日三句ずつ全句、書き写そう」というふうに決めて、日課として取り組むのもいい。

自分の手を動かして紙に書き写すことを続けていると、魂に言葉が刻まれていくような充実感が得られます。

日課で思い出すのは、本多静六という人物です。明治から昭和にかけて、林学博士として東京大学で教鞭を執るかたわら、造園家として活躍しました。東京の日比谷公園や明治神宮、北海道の大沼公園など、多くの公園を設計し、「公園の父」とも呼ばれています。

その本多博士で注目すべきは、３７０冊を超える著作を世に遺していることです。なぜそんなにたくさんの原稿が書けたのかというと、25歳のときにこう決めたからです。

「毎日、原稿用紙1枚（14行、32字詰め）以上の文章、しかも印刷価値のある文章を１枚ずつ、50歳まで、必ず書く」

本多博士はこれを「書く行」と称したとか。

当初は「なかなか書けなくてしんどいこともあった」そうですが、続けるうちに、おもしろくなってきたよう。「道を究めるような心意気をもって楽しんだ」と言います。まさに「継続は力なり」ですね。

本多博士のこの50歳までの日課は、50代以降にも応用できます。何でもいいから、とにかく毎日少しずつでも続けて、「おもしろい」と思える境地を目指すといいでしょう。

シニア期に特有のうつっぽい気分というのは、多くの場合、「やるべきことがない」という状況から生じます。

それで「生きていてもしょうがない」と無力感に襲われたり、「自分は世の中からも、誰からも必要とされていない人間なんだ」と孤独感を深めたりするのです。

学び直しを日課としていれば、そういうことが起きにくい。日々充実して、楽しく過ごせるので、精神の安定が保てるのです。

自転車は漕ぎ続けている限り、倒れずにバランスを保ちながらまっすぐ進みます。人も同じ。学び続けている限り、心が変な方向に行くことはありません。学び直しはいわば、「マイナスの気をお祓いするお札」のようなもの、と言えるでしょう。

「学びたい」と思ったときが学びの旬

これまでの「学び」を思い出してください。

中高生のころは、志望校に進学するために、受験勉強をがんばりましたね。

大学生になると、好きな分野・得意な分野、あるいは将来就きたい仕事に役立つ分野の勉強に励み、専門的な知識に磨きをかけたことでしょう。

社会人になってからは、仕事に必要な資格の取得や、知識・スキルの向上、キャリアアップを目指して、実践的な勉強を重ねてきたのではないかと思います。

このように年代に応じて学びの目的は変容しますが、誰もがずっと「学び」を人生の伴走者としてきた、その点は同じでしょう。よく「学びは一生」と言われるように、人間は学び続ける生き物なのです。

では50代以降、学びはこれまでとは異質なものになるでしょうか。

もちろんです。50代からの学びのキーワードは「学び直し」。それも「教養」を身につけることを大きな柱に据えるのがベストです。

なぜ教養なのか。その理由は、みなさん自身がよくわかっているはず。心のどこかで抱えているであろうその思いを、私が代弁すると――

「振り返れば仕事一辺倒の毎日で、教養に結びつく学びをしてこなかったなあ。このまま教養から目をそらしていては、年齢なりの人格・風格が身につかないかもしれない。50代になってつくづく思う、人間としての厚みが増すようないい年の取り方をしたいと。遅ればせながらだけど、やっぱり教養が身につく勉強をしなくちゃ」

すばらしい！　そう思ったときが吉日です。

勉強というのは、「したい」と思ったときが旬。50代で教養の学び直しに目覚めるのは、決して遅くはありません。まだ人生の折り返し地点に達したばかりなのですから。

一言で教養と言っても、ジャンルはたくさんあります。文学、歴史、哲学、美術、音楽、科学、芸能、社会科学……学び直しの助走に入ったばかりの50代は、とりあえずあらゆる分野に目を向けるといいでしょう。

少しずつでも幅広い分野の教養に触れていけば、必ず、自分がおもしろいと思う分野が見つかります。そうして学び直しのテーマを複数見つけておくことが、自由な時間がぐんと増える60代以降を楽しく過ごすことにつながるのです。

50代の延長線上でさらに教養の幅を広げるもよし、特定分野に絞って深掘りしていくもよし。あこがれの豊かな人生が手に入ることを、私が請け合います。

学び直しをしそびれると、先に広がるのはグレー一色の風景。学び直しをすると、それが数々の知的な教養で彩られたカラフルな風景に一変するのです。

学びを「ビフォア・アフター」で捉える

「学ぶ」とは何なのか。

一言で言うと、「新しい世界」に触れることです。

たとえば1冊の本を読んだとします。読む前には知らなかった知識に触れ、新しい世界が開けます。「ビフォア・アフター」という視点で言うと、

「この本を読む前と後では、後の自分のほうが、見える風景の色彩が豊かになった」

という状態になります。

そうして進んでいけば、「ビフォア・アフター」が繰り返され、新しい世界の扉が次々と開かれます。同時に、人生の景色が大きく変わっていくでしょう。

その意味では学び直しは、「頭の新陳代謝」を促すもの、とも言えます。古い細胞と新しい細胞を入れ替えるという新陳代謝の営みは、まさに学び直しにより起こる「ビフォア・アフター」そのものだと思うのです。

それで脳の新陳代謝のスピードを加速させることができれば、脳の老化を遅らせながら頭の健康と若々しさを維持することも可能になります。一石二鳥ではありませんか。

学び直しをしてどんどん新しい知識を入れ、「ビフォア・アフター」よろしく新陳代謝を活性化させましょう。

子どものころの素直さを取り戻す

学び直すときのポイントは、10歳前後の自分に戻ることです。

学び直しで重要なのは、わからないことはわからないと素直に認め、それを次々と「問い」として立てていくことです。みなさんも子ども時代の探究心を掘り起こし、あらためて「不思議を訪ねる旅」に出る感覚で学び直しを始めてはいかがでしょうか。

……と簡単に言いましたが、素直さを獲得するのはそう簡単ではありません。経営の神様、松下幸之助さんは『実践経営哲学』（ＰＨＰ研究所）のなかで、こう述べています。

「素直な心になりたいということを強く願って、毎日そういう気持ちで過ごせば、１万日すなわち約30年で素直な心の初段にはなれるのではないかと考えるのである」

松下さんは「碁は１万回打てば初段ぐらいの強さになれる」ことから、素直さについても「１万日で初段」と割り出したようです。

松下さんはご自身も含めて、素直さはすべての人が心がけるべき大切なものと捉えています。素直さなくして、「経営の真の成功も、人生の真の幸せもあり得ない」と言う松下さんの言葉を重く受け止めて、残りの人生を精進しようではありませんか。

学ばずに老け込むか、学んで若々しさを維持するか

50代に入ったころから、とたんに「老い」を感じ始める人は多いようです。

たとえばちょっと走ったり、階段・坂道を上ったりするだけで息が切れるとか、体のあちこちに不調が出る、残業や徹夜などのムリがきかない、お酒を飲むと2、3日調子が悪いなど、体力の衰えを感じる場面が増えてくるのです。

見た目の衰えと向き合わざるをえなくなるのも、50歳前後でしょうか。

そういった体のサインを受けて、多くの50代は「もう若くはない」ことを実感します。とはいえ、老いを認めるには早過ぎます。「何とかならないか」とあがきたくもなるでしょう。結果、健康への関心が高まり、運動をして体を鍛えたり、さまざまな健康法・美容法を試したりしている人が多いようにお見受けします。

それはすばらしいことです。ぜひ続けてください。

では頭、頭脳の健康についてはどうでしょうか。私の印象では、

「認知症になるのはイヤだし、できるだけ〝脳力〟の低下を遅らせたい」

と思いつつも、大半の人が意外と気にしていないと言いますか、具体的な手を打っていないような気がします。

それはとても残念なこと。体が死ぬまで健康であることと同じくらい、頭脳も若いときとあまり変わらない働きを維持することが大切です。

そのために大事なのが、学び直しによって頭を使うことなのです。

そもそも人は、何のために学ぶのでしょうか。私には明快な答えがあります。ズバリ、

「一生しっかりした頭でいる」

ためです。

これは、子どもからシニアまで、オールエイジに共通する「学びの意義」ですが、とりわけ50代以降の人には知っておいていただきたい。

なぜなら、学ばずにぼんやりと日々を過ごしていると、脳の前頭前野を使わなくなり、脳の機能が極端に落ちる可能性があるからです。

つまり学ばない人は、自分から進んで老化スピードを加速させてしまうということです。

けれども逆に、学ぶことで前頭前野を使っていれば、脳の老化スピードはかなりスローダウンするはずです。

そう、50代から始める学び直しは、頭に効くアンチ・エイジング法でもあるのです。

食事に気を使って体調を整えるように、また運動をして体を鍛えるように、学び直すことで〝脳力〟を鍛えましょう。

知的興奮が「幸福体質」をつくる

言うまでもなく、50代以降の学び直しには基本、「試験」がありません。当然、学び直しで得られる幸福感は、これまで勉強によってもたらされた達成の幸福感とは異質なものです。

学び直しをしたからといって、たとえば「テストでいい点を取ってうれしい」とか、「志望校に入学できてうれしい」といった幸福感は得られません。

けれどももっと上等な幸福感が得られます。それは一言で言えば、

「知的興奮を得ることそのもので、心が満たされる」

そういう幸福感です。

質的には、おいしいものを食べるときの幸福感に似ています。目の前においしそうな食べ物があると、視覚と嗅覚を経由して食欲が刺激されます。これだけで〝幸福ボルテージ〟はかなり上がります。

実際に食べておいしいと、もっと強烈な味覚の刺激が加わり、〝幸福ボルテージ〟はさらに上昇します。

こうしておいしいものを食べて得た幸福感というのは、意外と持続するものです。食べている最中の「おいしいなあ」が、食べ終わって「おいしかったなあ」に変わり、やがて「また食べたい」という願望が生じますからね。

しかも折に触れて「おいしかったなあ」という思い出がよみがえり、そのたびに幸福感をかみしめる、なんてこともよく起こります。

学び直しもそう。「あ、おもしろそうだな」と食指の動いた分野が見つかると、その瞬間、知的興奮が起こります。この「知りたい」という気持ちがあるだけで、〝幸福ボルテージ〟

がポンと跳ね上がります（ちなみに「食指が動く」は、食欲が起きたり、物事の興味が湧いたりすることで、中国の『春秋左氏伝』が出典です）。

そうして学び始めて「おもしろいなあ」となれば、しめたもの。さらなるおもしろさを求めて、「もっと知りたい、もっと学びたい」と〝学び直し欲〟が高まります。その欲が満たされるたびに、〝幸福ボルテージ〟も上がっていきます。

しかも一度知的興奮に火がつくと、そう簡単に消火することはできません。幸福感が得られるからこそ、鎮火されるどころか、燃え広がっていく一方なのです。

このように、学ぶことには〝幸福ボルテージ〟を上げ続けるメカニズムがあります。そこを利用して、少しずつでいいから、学び直しにより知識を増やしていきましょう。

結果、ちょっとした刺激で知的興奮が起こりやすくなります。それが、私の言う「幸福体質」です。

50代のうちに学び直しをしたほうがいいのは、「幸福体質」が身につくから。本格的なシニアライフに入ったとき、この「幸福体質」があれば、労せずにおもしろく、幸せな日々が手に入ります。

学び直して思う、人間に生まれてよかったと

いろんなことを学んでいると、ふと「人間に生まれて、学ぶ喜びを得ることができて、よかったなあ」と思うことがあります。それも学び直しの良さのひとつでしょう。

私はとくに仏教の輪廻思想を信じているわけではないし、犬には犬の、猫には猫の、虫には虫の〝人生〟があって、それぞれが自らの生を全《まっと》うすることに上下をつけるつもりもありません。

話が少々横道にそれますが、「輪廻思想」では人間の魂は何度も生まれ変わるとされています。それも「六道」という6つの世界――天界・人間界・修羅界・畜生界・餓鬼界・地獄界をぐるぐると回り、苦しみながら生きていくというのです。

どの世界に生まれ変わるかは、生前の行いが関係するとされているのですが、もし人間としての今生《こんじょう》を終えて生まれ変わるときに、「来世はコオロギです。おめでとうございます」と言われたら、どうでしょう?

ちょっと辛いものがありますよね。私はコオロギは好きですけど、やはり次も人間に生まれたい、それが本音です。

そんなことを想像するにつけ、私はつい「人が人としての人生を全うするとはどういうことか」を考えてしまうのです。それでいろいろ考え抜いて出した結論が、「学ぶことを軸に生きたとき、人は人としての人生を全うするという感覚を得られる」ということです。

私はたとえばアインシュタインが創唱した相対性理論と、重力波の存在についての本を読んだとき、それを強く感じました。理論は完全には理解できないとしても、アインシュタインのすごさはわかります。

「ふーん、時間や空間って、観測する人によって伸びたり縮んだりする相対的なものなのか。質量のある物体の周りでは時空がゆがむ？　って言われてもなあ。で、その時空のゆがみがさざ波になって、光と同じ速度で伝わる、それを重力波って言うのか。その重力波はブラックホールがぶつかったときに発生した？　へえ、よくわからないけど、すごい」というふうに。

何より私が感動したのは、アインシュタインが１９１６年に重力波があると予言した、その１００年後の２０１５年に重力波が実験で直接検出されたことです。

「あー、人間ってすごい！　この世に生きて、ほんのひとかじりでもアインシュタインを学んで、その正しさが証明されたことまでわかったなんて、生きている甲斐があるというもの。本当に人間に生まれてよかった」

学び直しをすると、こういうことがよく起こります。「人間ってすごい」と感動する知識や物語に、頻繁に遭遇するのです。

そうして「人間に生まれてよかった」と実感する瞬間が積み上げられるのですから、学び直しは生きがいを創出するもの、という見方もできます。

おすすめは、図鑑です。昆虫も、動物も、植物も、森羅万象のすごさを感じられます。「すごい！」と感じる子どもの感性を取り戻せば、学びの世界が開けてきます。

2章

「学び直す人」だけが見ることができる絶景の知的世界

――これを知らずに死ぬなんてもったいない！

50代だからこそ味わえる学び直しの妙味

若いときと50代のいまとの一番大きな違いは、「経験の深み」にあります。

人と比べて人生経験が豊富かどうかは関係なく、自分レベルで言えば、誰だって生きてきた年数分だけの経験が積み上げられていますよね？

その「経験の深み」によって、同じ本でも、高校生のときに読むのと、50代で読むのとでは、受け取り方が変わってくるのです。

わかりやすい例では、『論語』に、孔子が自分の40歳以後の後半生を語る、有名なくだりがあります。


四十《しじゅう》にして惑わず。

五十にして天命を知る。

六十にして耳順《したが》う。

七十《しちじゅう》にして心の欲する所に従って、矩《のり》を踰《こ》えず。

まだ20年にも満たない人生経験しかない高校生には、ちょっとわかりにくい。というか、実感をもって理解することが難しく、「大人になるって、そんなものなのか」という感じでしょう。

けれども50年生きてきた人なら、自分自身に置きかえて、実感として受け止めることができます。

「40代で惑わなかったかなあ。うーむ、30代のころよりは、軸がブレなくなったかも。50になったいまは、もう天命を知る年ごろなのか。いまの仕事を全うすることが、天に与えられた使命といえば、そんなふうにも思えるな。

で、60になったら耳順う、人の話に耳を傾けなさいと。年を取ると頑固になりがちだから、この言葉を戒めにするといいね」

というふうに、経験の深みにより、先達の教えが実感をともなって吸収されるのです。

これぞ、50代だからこそ味わえる学び直しの妙味！

若いころには退屈に感じたり、途中で挫折したりした本も、学び直してみると、感動を新たにすることもよくあります。

私自身の例で言えば、島崎藤村の『夜明け前』がそう。高校生のころに手に取ったのですが、あまりにも長くて、挫折した経験があります。

じつは読み直しているいまも、読む速度はゆっくりです。ただ若いころと違うのは、不思議と投げ出す気にはならないことです。それどころか、物語の深みにずぶずぶとはまっていっている気がします。

おそらく年齢を重ねたことで、「黒船の来航に始まる幕末の激動を、その時代に生きた人物が克明に語っている」、その気魄《きはく》に気圧される快感があって、自分自身も歴史の渦のなかにいるような感動を得られるようになったからでしょう。

高校生のころは歴史の知識もいまより乏しかったし、藤村の父をモデルにした主人公、青山半蔵が、木曽路・馬籠宿《まごめじゅく》の旧家の当主を務める一方で、平田（篤胤《あつたね》）派の国学を信奉し、政治運動に傾倒していくストーリーも入ってきづらかったのだと思います。

いまは「幕末の生き証人が語る貴重な話だ、丁寧に聞かなければ失礼だ」くらいの気持ちがあるので、途中で放り投げるなどもってのほか。じっくり時間をかけて読んでいます。これがまた経験の深みのなせるわざかもしれません。

こういう経験の深みを意識して、若いころにはいまひとつピンとこなかったことを学び直すのもなかなか楽しいものです。

精神文化の柱をつくる

ここであらためて、教養人とはどういう人なのかを明確にしておきましょう。

というのも近年、情報・知識を豊富に有している人が教養人であるかのように、考え違いをするきらいがあるからです。

情報社会がとてつもないスピードで進展したことを背景に、大量の情報を武器にビジネス界で成功する人に対する評価が高くなったせいかもしれません。

しかし明言します。いくら大量の情報を持っていても、またいかに豊富な知識を蓄えていても、その人を教養人とは呼びません。

彼らはしいて言うなら、前者が情報通、後者が知識人であって、教養人とはまったくの〝別もの〟なのです。

何も教養が情報・知識より上だと言いたいのではありません。情報・知識があるからこそ正しい判断をし、間違わずに行動できます。仕事を効率よく進めたり、より高い成果を上げたりするのに、利用価値の高いものでもあります。ただ「教養とは本質的に違うものですよ」ということを明確にしておきたいのです。

では「教養を身につける」とはどういうことか。一言で言えばそれは、「自分の心に精神文化の柱となるものをつくること」——。

少しわかりにくいでしょうか。「精神文化」をもっと噛み砕いて説明しましょう。

私たちがいま受け取っている教養は、元を正せば、古今東西の叡知あふれる誰かがとことん深く掘り下げて探究した、あるいはより高みを目指して挑戦して得られたものです。長い歴史のなかで、数え切れないほど多くの叡知あふれる誰かが教養を紡いできました。

その結果、先人たちが「未来への遺産」として累積・形成してきた教養が、いまに継承されている「精神文化」なのです。

教養を身につけるとはつまり、有史以来蓄積・継承されてきた「精神文化」を受け取り、自分の精神生活を豊かにするための柱としていくことなのです。

50代のみなさんは、これから少しずつ仕事の最前線から離れていきます。もう仕事で結果を出すために、また競争を勝ち抜くために、シャワーを浴びるように情報を集めたり、分析したりする必要もなくなります。

そのかわり、と言っては何ですが、人生の軸足を情報から教養に置きかえるのがいい。そうしてさまざまな分野の教養に触れて、人間性や知性を磨き、高めることに喜びを見出す。それこそが50代以降の人生にふさわしい、豊かな営みというものでしょう。

「継承」という視点を持つ

50代くらいになると、「継承」という言葉を身近に感じられるのではないかと思います。たとえば仕事では、リタイアのXデーが近づくにつれて、自分がこれまで積み上げてきた知識・スキルを後進に継承しようと考えるようになります。

50年以上生きてきた経験があればこそ備わった知恵や、蓄えてきた財産を次世代に継承することを意識するようになるでしょう。

実生活ではそういう渡す役回りになりますが、それだけでは何となく寂しい。自分の大切なものがどんどん奪われていくようで、複雑な気持ちになるかもしれません。

しかし学び直しをすると、逆に、偉大なる叡知を受け継ぐ側の人間になれます。新たに教養という名の財産を築いていくことができるのです。これから学び直しをするにあたっては、ぜひ「継承」という視点を持ってください。

では、継承はどのように行われるのか。

たとえば福沢諭吉の場合、かなりの高齢になるまで、居合を日課にしていたそうです。かねて立身新流《たつみしんりゅう》の居合をたしなんでおり、『福翁自伝』にも「ずいぶん好きであった」という記述が見られます。

何でも明治の半ばを過ぎ、60歳に届くかという年齢のときに、いわゆる過酷な千本抜を3回ほど行ったそうです。文明開化を説くような先進的な人物だった福沢が、武士の時代を引きずっていたのかと驚く人もいるかもしれませんね。

けれども、それは早計というもの。おそらく福沢は居合を通して、精神文化・身体文化の継承を行っていたのだと思います。これはとりもなおさず、福沢が自らのアイデンティティは武士の精神・身体にあると自認していたことの表れでしょう。

西洋文明を積極的に取り入れる一方で、日本人たる武士の魂を継承していく。そんな福沢の精神世界が垣間見えるようです。

ほかに日本文化なら、たとえば「お茶を習うときは、千利休の精神文化・身体文化を継承することを意識する」「能を学ぶときは、観阿弥・世阿弥の精神文化・身体文化を継承することを意識する」といった具合。

精神文化・身体文化の継承者たる自覚をもって学び直しをすると、背筋が伸びるようで、じつに気分のいいものです。

もちろん精神文化・身体文化を継承するのに国境はありません。たとえばゴッホの絵と人生に触れて自身の生きる情熱に火をつける。ブッダの教えを読んで事あるごとに「ブッダならこう考えるよね。こうするよね」と自分と重ね合わせて行動する。プラトンの著作からソクラテスの人間性を少しでも身につける努力をする。対象が何であれ、そういった学び直しをすることが、精神文化・身体文化を継承することなのです。

大事なのは、いろんなジャンルの教養を学び直す過程で、「継承」の視点を持って、いくつかの精神文化の柱をつくっていくこと。50代以降の「学び直し人生」で目指すべきは、「私の精神世界はこのような文化でできています」と言える境地に達することであると、私は思います。

マンガから精神文化を継承する

私は子どものころからマンガが好きです。当時夢中になって読んだ『巨人の星』や『あしたのジョー』などの精神文化が、そのまま自分のなかに入っています。

たとえば『あしたのジョー』なら、ラストシーンの「燃えたよ…まっ白に…燃えつきた…まっ白な灰に…」という言葉に象徴される精神文化をしっかりと継承しているのです。

矢吹丈がホセ・メンドーサと死闘を繰り広げ、敗れた後に笑顔で発するあの名言です。

もっと言えば、ジョーに想いを寄せていた紀《のり》ちゃん（林紀子）から「どうして普通の暮らしをしないのか」と問われたときのジョーの言葉にも、すごく感銘を受けました。

「そこいらのれんじゅうみたいにブスブスとくすぶりながら不完全燃焼しているんじゃない　ほんのしゅんかんにせよ　まぶしいほどまっかに燃えあがるんだ　そしてあとにはまっ白な灰だけがのこる……　燃えかすなんかのこりやしない……　まっ白な灰だけだ」

完全燃焼して一生を終える、そういうジョーのような生き方へのリスペクトが、いまも私の精神を形成する大事な要素になっているように思います。

マンガだって自己形成に資すれば、教養のひとつ。50代なら、たとえば『スラムダンク』や『キャプテン翼』『北斗の拳』『ドラゴンボール』などが、精神文化として自分の一部になっているかもしれません。

もちろん〝懐かしい系のマンガ〟だけではなく、いま人気のマンガでも精神文化の継承は十分に起こりえます。たとえば『ワンピース』や『鬼滅の刃』のような大ヒット作品は、子ども向けのようでいて、大人でも読むと意外にはまるもの。トライする価値はあります。

ついでながら、ズバリ「精神文化の継承」をテーマにしたマンガを紹介しておきましょう。タイトルは『葬送のフリーレン』。軽く千年は生きられる魔法使いフリーレンが、勇者ヒンメル、僧侶ハイター、戦士アイゼンら人間と出会って旅をする物語です。

フリーレンはヒンメルが今際《いまわ》の際《きわ》に「もっといろんなことを知りたかった」と言った、その言葉で、人間は限りある命を生きていることに気づきます。そしてヒンメルの精神を引き継ぐように、「彼の行動規範に倣って行動すればうまくいく」と信じて困難を乗り越えていきます。

そういう考えの下で行動するとき、フリーレンは決まってこう言います。「ヒンメルならそうしたってことだよ」と。これはとりもなおさず、ヒンメルとフリーレンの間で精神文化の継承が行われた、ということです。

余談ですが、ヒンメルの精神文化が読者にも引き継がれているとわかる出来事が、台湾でありました。それは、列車内で暴漢が刃物を振り回す事件が起きたときのこと。勇敢な青年が暴漢を取り押さえたのですが、なぜそんな危険なことをしたのかと問われて、彼はこう答えました。

「勇者ヒンメルならそうした」

そう、『葬送のフリーレン』が描いた精神文化は、台湾の青年にも継承されていたわけです。すばらしいではありませんか。

マンガに限らずですが、「精神文化を自分の一部にしていく」ような学び直しは、人生の時間が限られていることを意識し始める50代こそ、フィットするスタイルではないでしょうか。

古典を軸に学び直し

教養を身につけるには、何より古典を軸にした学び直しをおすすめします。

どんな分野であれ、古典には10年、100年、いや場合によっては千年以上の時を経てなお色あせない、奥の深い魅力があります。

先に述べたように、教養とはいわば過去から現代、未来へと継承されていく「精神文化」のこと。古典はその源泉であり、そこからはいつの時代も変わらず新鮮な「叡知の泉」がこんこんと湧き出ています。

しかもその〝湧出量〟たるや……学び直しのテーマ探しに一生困らないだけの、いや何回生まれ変わっても学び切れないほどの、汲めども尽きぬ教養があふれているのです。

だから古典は、時代的には古くとも、現代に引きつけて読み解くことが可能。現代に生きる私たちの知的好奇心をときに強く、ときに心地よく刺激してくれます。

また古典は、分野によってアプローチはさまざまですが、究極を言えば、より豊かに生きるうえで重要な3つの要素――「真」「善」「美」を追求しています。

そこがまた、50代以降の学び直しにふさわしい。

経済を中心に回る世の中で、もまれながら汲々として生きていく、そんな日常から少しずつ足抜けしていけるのが50代。「真・善・美」を最高の価値と捉え、古典とともにその探求に情熱を注ぐなかで、人生の豊かさを堪能していただきたい。

振り返れば、私が中学を卒業したとき、学校からもらった記念の盾に「真・善・美」の三文字が書かれていました。一応、解説しておくと――

「真」とは、「真実」。正しいことを知り、正しく行動すること。
「善」とは、「善い行い」。道理にしたがって行動すること。
「美」とは、「本質的な美しさ」。豊かな心を持ち、美を感じ取って生きること。

これら3つをまとめて、人間の理想的な価値の基準としているわけです。言い換えれば、「人が本来、求めてやまない価値」、それが「真・善・美」だということです。

ちなみに京セラの創業者である稲盛和夫さんは、著書『生き方』（サンマーク出版）のなかでこう語っています。

「人間は真・善・美にあこがれずにはいられない存在ですが、それは、心のまん中にその真・善・美そのものを備えた、すばらしい真我があるからにほかなりません。あらかじめ心の中に備えられているものであるから、私たちはそれを求めてやまないのです」

稲盛さんは仏門に入った人物らしく、「私たち人間は本来、一点の曇りもない美しい心を備えている」という仏教の教えを、このように表現されたのでしょう。

いずれにせよ古典を軸に学び直しをするということは、「真・善・美」の探求にほかなりません。ここに生きる価値を置くと、より正しく、より善く、より美しく生きるための羅針盤が手に入ります。

その羅針盤が豊かな人生へと導いてくれることは言うまでもありません。

教養は人格を磨く砥石《といし》

教養はひけらかすために身につけるものではありません。教養は、ひけらかさずとも人格ににじみ出るものなのです。

それで思い出すのは、多くの人から信頼され、愛された人格者・西郷隆盛です。その人物の大きさたるや、勝海舟をして、

「西郷なんぞは、どの位ふとっ腹の人だったかわからないよ」

と言わしめたほどです。

勝はまた、著書『氷川清話』で、江戸城無血開城を決めたときのことをこう振り返っています。

「西郷に及ぶことのできないのは、その大胆識と大誠意とにあるのだ。おれの一言を信じて、たった一人で、江戸城に乗り込む。おれだって事に処して、多少の権謀を用いないこともないが、ただこの西郷の至誠は、おれをして相欺くに忍びざらしめた」

ここでの本題は、西郷がどのようにしてこうした人格を磨いたのか、ということです。それは、西郷が大変な読書家であったことと深く関係しています。

西郷は幼いころから禅学と陽明学を学び、精神修養の糧としました。中国歴代の為政者を鑑《かがみ》とするべく編纂された『資治通鑑《しじつがん》』を3回も読んだ、なんて話も伝わっています。

また奄美大島や沖永良部島など、島流しの憂き目に遭ったときでも、めげずに学び続けました。江戸時代の儒学者である佐藤一斎《いっさい》の『言志四録』を読みこみ、気に入った言葉を101個書き出して繰り返し音読したといいます。

そんなふうにして西郷は、大量の本を読んで得た言葉を砥石に人格を磨いたのです。

特筆すべきは、『論語』にある「知者は惑わず、仁者は憂えず、勇者は懼《おそ》れず」、つまり「知仁勇」の「三徳」を、人間性を培ううえでの三要素として重んじたことでしょう。『論語』を教養として身につけ、それを生き方や行動に反映させていく。そこに至って初めて、教養は人格を磨く砥石になる、ということです。

教養というのは、人格形成とイコールであると思うのです。『論語』のような思想書のみならず、文学でも歴史、美術、音楽、自然科学、社会科学など、どの分野を学び直してもいい。それで身につく教養は、有形無形に、人格を磨く砥石になるはずです。

ところで「教養」は、ドイツ語で「ビルドゥング（Bildung）」といいます。これは同時に「人格形成」を意味する言葉です。ドイツ文学にはその名も「ビルドゥングス・ロマン」というジャンルがあって、日本語では「教養小説」とか「人格形成小説」などと訳されます。

たとえば『ジャン・クリストフ』（ロマン・ロラン）、『ヴィルヘルム・マイスターの修業時代／遍歴時代』（ゲーテ）、『魔の山』（トーマス・マン）などがそう。いずれも主人公が人間的に成長していく様を描いています。

そんなことからも、教養と人格形成が同義であると言えそうです。

年を重ねることはつまり、教養を砥石に人格者に成長していくこと。50代のうちに、そのスタート地点に立つよう心がけましょう。

年齢とともに魂は若返る!?

一般的に肉体は、加齢とともに硬くなります。よく体を動かしたり、運動をしたりすることで多少は硬くなるスピードを遅らせることはできますが、限界がありますよね。

一方、魂はどうでしょうか。

よく「年を取れば取るほど、頭が固くなる」と言われますが、そんなことはありません。

たしかに経験を積むに従って、知らず知らずのうちに自分の思考に既成概念や固定観念を植えつけてしまう部分はあります。

けれども自分でかけてしまったその縛りを、意識してはずすようにすれば、頭が固くなることはないのです。

それどころか、学び直しにより頭を使えば、固さがほぐれて、どんどん柔軟になっていくくらい。「魂の若さ」が保たれる、ということです。

「年齢と魂の若さは関係ない。学ぶことを続けている限り、思考は柔軟になっていく。そして魂は、老化と逆行するように若返る」

と言い切っていいでしょう。

この考え方は「柔弱は剛強に勝つ」とする老荘思想と共通するものがあります。老子の言葉を二つ、紹介しましょう。

「柔軟なものは弱そうに見えて、じつは相手や状況に応じて自在に対応できるので、結局は堅くて融通のきかない剛強なものに勝つ」

「徳を含むことの厚きものは、赤子に比す——赤ん坊ほど心が純粋で、あるがままに満ち足りて生きているものはいない」

たしかに、柔らかいほうがその場に合わせて、いかようにも変われる、そんな強さがあります。堅いほうがいかにも強そうですが、適応力・対応力に欠ける分、弱いと言えそうです。

また赤ん坊のような純粋無垢な心を持ち続けていれば、欲深になることも、何かに心が煩わされることも、頭が固くなることもなさそう。ゴキゲンに生きていけますよね。

よく学んで、赤ん坊のように頭を柔らかくする。それは若々しく日々を過ごすことにつながります。50代以降の生き方に求められるのではないでしょうか。

蛇足ながら、身心が硬くなるに任せていると、「老人性キレキレ症候群」にかかりやすくなりますよ。そうなっては自分も周囲も不幸なので、用心してくださいね。

巨人の肩に乗って知的風景を共有する

本を読むにせよ、芸術を鑑賞するにせよ、旅に出るにせよ、何かを学び直すプロセスにおいては、必ず「巨人」と称される人物に遭遇するでしょう。

「巨人」とは、世の中にパラダイムシフトを起こすような大発見・大発明をしたとか、何かで前人未踏の記録を打ち立てたとか、何かの分野で優れた作品を創造したとか、とにかく過去に偉大な業績をあげた人物を意味します。

もちろん古今東西、巨人は大勢います。前述したように、私たちが学び直そうとしている「精神文化」は、すべてが有史以来蓄積・継承されてきたもの。巨人に遭遇するのは当たり前と言えば、当たり前のことです。

問題は、巨人に遭遇したそのチャンスをどう生かすか、ということです。私がみなさんに助言したいのは、

「巨人の肩の上に立ち、巨人が見ていた風景を共有する」

そんな気概をもって、学び直しに臨むことです。

たとえばニーチェを読めば、ニーチェに見えていた世界を垣間見ることができます。ゴッホの絵を見れば、ゴッホに見えていた美しさの一端を感じ取ることができます。ベートーヴェンの音楽を聴けば、ベートーヴェンに見えていた心象風景をのぞくことができます。

ドストエフスキーを読めば、ドストエフスキーがとことん深く掘り下げた「人の心」のさまざまな側面に気づくことができます。

このように、巨人の肩の上に立っている気分で学べば、自分が巨人でなくても、巨人と同じ知的風景を共有することができるのです。

思えば教養というのは、みんなが「巨人の肩の上に立つ」ことで紡がれてきたもの。「精神文化の継承者」という意味では、巨人も自分も対等です。親近感をもって、気軽に、多くの巨人たちの肩に乗りましょう。

そうすると、学び直しに深みが出てくるはず。こういう深みに感じ入ることもまた、50代が目指す教養のあり方のひとつだと思います。

巨人と「星の友情」でつながる

巨人との距離が縮まる、とっておきの方法があります。ニーチェ的表現で言えば、「星の友情」――。

夜空に瞬く星々は、一つひとつが独立して輝いています。距離は遠く隔たっていても、その輝きが際立っていればいるほど、互いがはっきり認識されます。「星の友情」はそのことになぞらえて、「離れたところにいながらも、互いの光で惹かれ合い、刺激し合っている関係」を意味します。

巨人たちはみんな、圧倒的な輝きを放つ存在です。彼らの本を読んだり、作品を鑑賞したりすることで、あっという間に「星の友情」でつながることが可能です。自分という星もまた、巨人の星の光を受けて、いっそう輝きを増すでしょう。

このように「星の友情」のいいところは、誰を対象にしようと、自分の自由であること。

孤高を愛するニーチェでも求めてやまない魅力が、「星の友情」にはあるということです。

教養を軸に人づき合いが広がる

仕事を中心とする人間関係は、リタイアした瞬間に絶滅の危機に瀕する。そんなのはわかり切ったことです。

仕事の一線から遠ざかりつつある50代のみなさんは、もう薄々気づいていますよね、「仕事の切れ目が縁の切れ目」になることは。

けれども、いまのうちから学び直しを始めておくと、仕事人生では得られなかった人間関係を、だんだんに広げていくことが可能です。

教養がその人間関係の軸になるのです。なぜでしょう？

それは、自分がどういう人とつき合いたいかを考えてみると、よくわかります。人づき合いというのは結局、会話がメインになりますから、誰もがつき合いたいと思うのは、

「話題が豊富で、話がおもしろい人」

「自分と話が合って、会話が盛り上がる人」

ではありませんか？

そういう人なら「また会いたい！」と思います。場合によっては「次はあれを話そう、これを話そう。あそこへ行ってみよう。あれを見てみよう」と、次々とアクション・プランが出てきます。つき合いが長続きしやすいのです。

逆に「しょうもない話ばかりでつまらない」とか、「お互い、いつも同じ話ばかりして、新鮮味がない」「もうネタが尽きて、話すこともないから、会う意味がない」といった感じになると、つき合いは自然消滅の道をたどるしかなくなります。

その意味では、教養は会話のネタになるうえに、深みのある話に発展させていくことを可能にするもの。広くて深い人づき合いを実現するための強力なツールと言えそうです。

私の教え子のなかに、中学校の教育実習に行って、身をもって「教養の重要性」に気づいたという学生がいます。「自分の専門教科だけではなく、幅広い分野の教養がないと、児童と満足に会話ができない」と言うのです。

「中学生相手に？」と思うかもしれませんが、中学生はわからないことはわからないと、遠慮なくどんどん質問をぶつけてきます。その学生は「先生、どんな小説が好き？」と聞かれてしどろもどろになり、「えーっ、小説も読まないのぉ」とからかわれたそうです。たしかに先生としてはちょっとかっこ悪い……。

大人は教養の乏しい人に対して「そんなことも知らないのかよ」とまでは言いませんが、心のなかでは思わないとも限りません。人生経験豊富な50代としては、あまりにも無教養だと恥ずかしい思いをするでしょう。

だから、というわけではありませんが、「教養は身を助ける」と思って、学び直しと向き合うことをおすすめします。

50代は、教養を身につけるときに「幅の広さ」を意識したほうがいい。ひとつの分野を深掘りして究めていくことも大切ですが、それがシニアに特有の偏狭さ、頑迷さにつながってしまう恐れがあるからです。

話題が限られると、その分だけ人づき合いも狭くならざるを得ません。幅広い分野の教養があるほうが話題は豊富になるし、ひとつの話題をいろんな方向に広げていくことができます。おもしろくて、深みのある会話ができるようになるのです。

しっかり学び直しをし、教養をよすがに人との縁を広げていきましょう。

学び直した人にだけ見える世界がある

山に登るとき、標高が上がるにつれて、見える景色が違ってきます。視界が広がって、麓の景色がどんどん下方に広がっていく感じがしますよね。途中、樹木に埋もれるようなところがあっても、頂上に立つと、ぐるり３６０度、すばらしい景色を見渡せます。

学び直しをするのは、それと少し似たところがあります。たとえば本を読むにしろ、10冊読んだら10冊、１００冊読んだら１００冊、千冊読んだら千冊、１万冊読んだら１万冊の風景が見えるのです。

本が描き出す教養世界は1冊、1冊異なります。自分ひとりが体験できることなど、たかが知れていますが、本を読めば無数の疑似体験ができる。それだけ人生観、人間観が深まるし、文字を通してさまざまな情景を思い描くことで想像力が豊かになるのです。加えて、より善く、より豊かに生きるためのヒントがたくさんもらえます。

50代で学び直す機会をつかんだ人と、ぼんやり見送ってしまった人とでは、来《きた》るシニアライフの豊かさが段違い。学び直した人にだけ見える世界があるのです。

そういう世界、誰かと共有したいと思いませんか？ 50歳を過ぎたら、教養の部分で響き合える人と交流するのもいいものです。

私自身は大学院生のとき、すでに教養と人格が太い1本の木のようになっている先生と出会い、本物の豊かさを経験させていただきました。栗原彬《あきら》先生（立教大学名誉教授）が社会教育の授業で、ミッシェル・フーコーやフロイトなどの難解な本を30冊ほどもラインナップ、それらを読み解く機会を与えてくださったのです。

毎週、何百ページもある本を読まなくてはいけないし、週によっては自分の考えを発表する役回りも課せられる。大変でしたが、いま思うと、あれほど贅沢な時間はありませんでした。ハイレベルな教養が展開する、何とも言えない濃密な空気が教室に充満していて、毎回、気持ちが高揚したことを覚えています。

そこまでの人物に現実に出会うのは難しいかもしれませんが、世に読書家・教養人として知られる人が書かれた書評などを読むといい。教養の部分で響き合うような交流を堪能できるでしょう。

たとえば「生涯一編集者」をモットーに編集工学を提唱した松岡正剛《せいごう》さんは、2000年2月から「千夜千冊」という書評サイトをスタート。古今東西の名著を1冊、1冊、ご自身のエピソードや卑近な出来事を交えながら軽妙に、しかも深く論じておられました。4年ほどで千夜を達成した後も続け、1850夜にまで達しました。

「50代の学び直し」に励むみなさんにとって、すばらしい教養ナビゲーターになってもらえそうです。「千夜千冊」はテーマ別に文庫（角川ソフィア文庫）で刊行されているので、そちらを読むのもよいかと思います。

昔の人の「勉強熱」に刺激を受ける

ここまでどうですか。「学び直し熱」はかなり上がったでしょうか。もう一押し、昔の人の「勉強熱」を知り、いい感化を受けていただきたく思います。

昔というのは江戸時代ごろ。当時の人たちの学問に対する真剣さにはすごいものがあります。子どもからしてすごい。

寺子屋に学ぶ一般の子どもたちは、『実語教』や『童子教《どうじきょう》』を教科書として使用していました。

実語教とは、対句をなす七言句48聯《れん》から成るもので、勉学のすすめや道徳などについて、仏教語をまじえて説きます。

一方、童子教は変体漢文の五言330句から成る教訓書。インドや中国の格言を引きながら、日常行動に必要な作法や勉学、孝行の大切さを教えます。

私はこれらの教科書を解説した本を、何冊か出版したことがあります。漢文ですから返り点付きで読むのがまず難しい。子どもたちはそれを読み、暗誦《あんしょう》しながら家路をたどったのです。そんな姿を想像しただけで、江戸時代の子どもたちの学業に対する熱意を感じます。

また印象的だったのは、中国の人がどのようにして学んだかが書かれているところ。そのひとつが「蛍の光窓の雪」の故事。家が貧しくて灯火用の油が買えないので、晋《しん》の車胤《しゃいん》は蛍を集めてその光で、孫康《そんこう》は窓辺に積もった雪の明かりで書を読んだという、あの話です。

特異なのは、その美しい話に続いて、「首に縄をかけて天井から吊し、居眠りしそうになったら首が絞まるようにした」とか、「眠くなったら、腿《もも》に錐《きり》を刺す」といったぞっとするような話が出てくることです。

どこまでが実話なのかはわかりませんが、江戸時代の子どもたちは本当の話だと信じて、そのくらい熱心に勉強しなければいけないと思っていたわけです。勉強に向かう覚悟が違ってきますよね。

これらの教本は、大人が読んでもためになるものです。たとえば「宝玉は磨かなければ光を発しない。人も学ばなければ智の光を発しない」「一度口から出た言葉は、4頭立ての馬車で追いかけても、取り返すことはできない」など、示唆に富んだ教えが満載です。

実際、私は『60歳からの実語教／童子教』（致知出版社）という本も出しています。これから学び直しをしていこうという50代のみなさんの心にも、いい影響を与えると思っています。

また幕末の志士たちの「勉強熱」には、ぜひとも触れていただきたい。とりわけ吉田松陰は、文字通り命がけで学問に取り組んだ人物。学ぶところ、大でしょう。

ご存じの通り、松陰は幕末から明治維新へ、日本の近代を切り拓いた重要人物のひとりです。26歳のときに故郷の山口県萩市で松下村塾という私塾を引き継ぎました。下田で密航に失敗し、野山獄《のやまごく》に入れられた後のことです。

その塾で松陰は、孟子をはじめとする中国の古典をひもときながら、それをどう時代に生かすかを教え、塾生たちと活発な議論を交わしました。教え子は高杉晋作、久坂玄瑞《くさかげんずい》、伊藤博文、山縣有朋など、歴史に名だたる強者ばかり。松蔭の育てた志士たちが、日本を維新へと導いたと言っても過言ではありません。

松陰はまた塾だけではなく、獄中にあっても、囚人たちを相手に孟子の講義をしたとか。松陰のいるところには、必ず「学ぶ集団」が形成されたようです。松陰の強烈な「勉強熱」は、周囲を巻きこみながら、より高くなっていったということでしょう。

吉田松陰をはじめ、幕末の志士たちを描いた本は、たくさんあります。彼らの「勉強熱」に感化されることは、学び直しの触媒にもなるでしょう。

他には、先の大戦で亡くなった学徒兵たちが、明日死ぬかもしれない状況にあってもなお「勉強熱」を燃やしていた、その現実に目を開くのもいい。

たとえば彼らの手記をまとめた『きけ　わだつみのこえ』（岩波文庫）や、京大生の林尹《ただ》夫《お》が日々の思いを記した日記『わがいのち月明に燃ゆ』（ちくま文庫）などを読むと、その凄まじいまでの「勉強熱」に刺激されます。いくらでも勉強する時間があるわが身に重ねて、うかうかしてはいられない気持ちにもなるでしょう。

私も先だって、お花見がてらに靖国神社に行ったときに『英霊の言乃葉』という全9巻の本を見つけて、「勉強熱刺激」を受けました。死を目前にした人の言葉の重さに圧倒される思い。と同時に、彼らの学びたいという気持ちに触れて、自分の学ぶ気持ちにも火がついたように感じました。

みなさんも昔の人の「勉強熱」に触れるといい。きっと「学び直し熱」に火がつきます。

3章

50代から「何を」学び直すか

――心を熱くする学ぶ対象の見つけ方

「昔取った杵柄《きねづか》」方式で

「学び直しをする」と決めたとき、最初に立ちはだかるのは「テーマ設定の壁」です。

「さて、何を学ぼうか」

と頭で考えても、何も思い浮かばないことが多々あるからです。

これまで仕事一筋でがんばってきたために、自分は何に興味があるのか、どんなことが好きなのか、すっかり忘れてしまうのかもしれません。

そんなときは「学生時代の自分」の趣味嗜好を、「そう言えば」という感じで思い出してみることをおすすめします。たとえば、

「早川書房のサイエンス・フィクション、よく読んだなあ。ロバート・ハインラインに夢中になったっけ」とか、

「マンガを描くのが、けっこう好きだったよね。友だちにも上手だって褒められたし」

「文科系人間だけど、生物の成績は意外と良かったんだよね」

「昔から時代劇が好きだったのに、日本史の勉強はあまりしなかったなあ」

といった具合に、好きだったこと、得意だったことを思い出すのです。

そうすると「もしかしたら、自分はこの分野の筋がいいかも」とか、「昔は苦手だったけど、いまならおもしろく勉強できるかも」などと思えるテーマが一つや二つ、見つかるのではないでしょうか。それが見つかればしめたもの。右の例でいうと順に、

「とりあえずロバート・ハインラインを読み直し、サイエンス・フィクション分野の最近の人気作も読んでみよう」

「いまっぽく、PCでマンガを描いてみよう」

「生物でいま注目されているゲノムについて、難しそうだけど新書を読んでみよう」

「日本史を勉強する手始めに、磯田道史《みちふみ》さんの本を読んでみよう」

など、何らかの学び直しの行動を起こすことができます。

言ってみれば「昔取った杵柄」方式――。

多少なりとも素地のあるもの、勉強したことのあるものをもう一度学び直すというのは、あまり抵抗を感じず、気軽に始められるので、よいのではないかと思います。

そう言えば私の父は、60歳を過ぎてから、昔は好きだったのにいつの間にかやめていた「書道」を再開しました。師範の免許を取ろうと学び直したのです。晴れて「寿山」という斎号で免状までいただき、とても喜んでいたことを覚えています。

「死ぬまでに知っておきたいこと」をリストアップ

50代になると、死ぬまでの時間が有限であることを意識し始めます。人生100年時代とはいえ、自分にそこまでの寿命があるかどうかはわかりませんからね。

「できれば長生きしたいけれど、人間、いつ死ぬかわからない。それは明日かもしれない」

そんな思いに囚われると、何となく落ちつかない。

「死ぬまでにもっと知っておくべきこと、やるべきことがあるんじゃないか」

と、焦りにも似た気持ちが首をもたげてくるのです。

学び直しをするうえで、それは非常にいいことです。

「せっかくこの時代の日本に生まれてきたのだから、相応のことを学んでおかないと、生まれてきた甲斐がない」

というふうに〝学び直し欲〟をかき立てられるからです。

私も50歳くらいのときに、「死ぬまでに知っておきたいこと」を学びのひとつの基準に設定しました。

たとえば1章で触れたアインシュタインもそう。「死ぬまでにアインシュタインの相対性理論がどういうものかを知りたい」という気持ちに動かされて、いろんな本を読むようになったのです。

宇宙に関連する本も学び直しのおもしろいテーマのひとつ。「人間はなぜ存在するのか」「宇宙とは何なのか」といった誰もが抱く素朴な疑問の答えが、ほんの少しでも理解できたら、生きてきた甲斐があるというものです。「宇宙は一つではない」ことも学べます。

書かれていることのすべてを理解することはできませんが、むしろ「わからなさがたまらなくいい」と、おもしろがって読んでいます。

また、「そう言えば、仏教についてちゃんと勉強してこなかった。日本人に生まれたのだから、死ぬまでに触れておかないともったいない」と思い、仏教を学びのテーマとしました。

そうして「ブッダの教えとは何なのか」「般若心経はどんな仏典なのか」「仏教の歴史のなかで禅はどう位置づけられているのか」など、問いを立てながら、１００冊ほど読んだでしょうか。

やがて何となく仏教の世界に馴染んできて、ブッダや道元、臨済など、偉大なお坊さんたちが自分のなかに住み込んでいるような感じになりました。

おかげで心を煩わされるようなことがあっても、「すべては過ぎてゆく」「執着は捨てるべし」といった教えを想起して、そこから解放されていく、そんな心境になれます。心底、「死ぬまでに仏教に触れることができてよかったな」と思っています。

みなさんもぜひ「死ぬまでに知っておきたいこと」という視点から、学び直しのテーマをリストアップしてみてください。たとえば、

「日本人に生まれた以上は、能や歌舞伎、狂言に代表される伝統芸能に一度も触れずに死ぬわけにはいかない」

「ＩＴ時代に生きる者として、ＡＩとは何なのか、ＡＩで何ができるのか、基本的なこと

さえ理解できないままに死にたくない」

「死ぬまでに、いわゆる現代アートの世界をのぞき見るくらいのことはしておきたい」

「戦争を知らない世代ではあるけれど、過去の戦争の歴史を何も知らずに死んでいくのはいかがなものか」

という感じで指折り数えていくと、テーマはきっと山ほど出てくるでしょう。

「知らないことを知らないままにしてきた50年」を返上し、死ぬその日まで学び直しに励みましょう。テーマが枯渇することなど、ありえません。

誘いに乗って新境地を開く

年齢を重ねるにつれて、新しい挑戦に対して腰が重くなるものです。

「このトシになって、ゼロから学び直すなんて、面倒くさいよね」

気持ちはわかりますが、まだ50代ではありませんか。あんまり億劫がっていると、これから先の人生が本物の余生、つまり「余りの人生」になってしまいます。

50代の人にとっての余生とはそうではなくて、まだやれることを余している、言い換えれば、やれることがたくさんある人生だと捉えたい。

とはいえ新しい挑戦テーマは、なかなか見つからないかもしれません。でも大丈夫。自分の頭で考えても何も浮かばないなら、自分が挑戦したいか否かは脇へ置いて、とりあえず他人の誘いに乗ってみるのも手です。比較的気軽に挑めるでしょう。

たとえばこれまでの50年間、一度も劇場で芝居を見たことのない人なら、家族や友人からの「いっしょに行く?」という誘いに乗ってみる。それで興味が持てれば、芝居を通したコミュニケーションを深めつつ、「芝居文化の探訪者」たる新境地を開くことが可能になります。

また友人からのランチや飲み会などの誘いには、多少メンバーに気に入らない人が混じっていても、そこは目をつぶって、気軽に誘いに乗るのがよいかと思います。意外と興味深い話が聞けて向学心が刺激されるかもしれないし、おもしろいグループ活動に参加するきっかけが得られる可能性もあります。

新しい仕事や活動などのお誘いは、無理のない範囲で引き受けると広がりが出ます。

私も新しい番組からオファーをいただいたときは、積極的に受けるようにしています。たとえば「全力！脱力タイムズ」（フジテレビ系）という番組は、気軽に引き受けたところ、「漫才をしてください」とか「モノマネをお願いします」とか「腹話術をやってみてくださ い」など、ムチャぶりの嵐！　最初のうちは戸惑いもありましたが、自分でも気づかなかった新たな一面に気づけて、結果的にお受けしてよかったと思っています。

こんなふうに、誘いに乗って挑戦したことで、新境地が開ける可能性だってあります。

中島敦の『山月記』に、こんな名言があります。

「人生は何事をも為《な》さぬには余りに長いが、何事かを為すにはあまりに短い」

新しい挑戦に一歩踏み出すときに、背中を押してくれる言葉になりますよね。

長大なテーマに挑めば、一生退屈しない

「新しいことに挑戦するのに年齢は関係ない」というような話になると、まず伊能忠敬《ただたか》が思い浮かぶのではないでしょうか。それほどの〝超有名人〟です。

1745年、上総国《かずさのくに》の小関村（現在の千葉県九十九里町）に生まれた忠敬は、17歳のときに酒造・米穀商・金貸し・水運業などを手がける伊能家に婿入り。左前だった経営を立て直しました。そして50歳を目前にしたころ、家督を息子に譲って隠居。それが新しい人生の始まりでした。

忠敬は幼いころから興味のあった暦学や天文学を学ぼうと江戸に移住し、20歳も年下の若者に弟子入り。学ぶこと6年で、幕府に日本地図を製作することを認められ、北海道から測量を開始しました。

全国を歩き回って、歩幅から距離を測量するのですから、気が遠くなるくらい大変な挑戦です。測量の旅に出ること10回。17年にわたって続けられたといいます。残念ながら忠

敬は地図の完成を見ずに、74歳で亡くなりましたが、その3年後、弟子たちによって「大日本沿海輿地《よち》全図」として完成されました。

これほどの大事業とまではいかなくとも、シニアにとって「長大なテーマに挑む」のは、学び直しにはもってこいです。なぜなら、とにかく到達点が遠いので、「一生、退屈しない」から。奇しくも伊能忠敬が、

「人間は夢を持ち、前へ歩き続ける限り、余生はいらない」

と言っているように、夢中になって学び直しに取り組むうちに、「余生」という感覚なく一生を終えられるようになるかもしれません。

では、長大なテーマとはどんなものか。

たとえば世界史。およそ700万年前の人類誕生に遡って学び直すとすると、とてつもなく長大なテーマです。いや、そこまで遡らなくとも、紀元後とか中世以降とかでも、なかなかのものです。

そもそも世界史というのは、学生時代に「ろくすっぽ勉強しなかった」、あるいは「そもそも苦手で、受験科目として選択すらしなかった」という人も多いでしょうから、学ぶべ

きことはたくさんあります。残りの人生が何十年とあっても、足りないくらいです。

つまり世界史の学び直しに終わりはない。そこがいいのです。うまくはまれば、一生退屈しなくてすみます。

ちょっと不思議ですが、50代になってからのほうが、学生時代よりもずっと楽しく世界史を学べるという方が多いようです。日本史もそうですが、歴史というのは年齢がいけばいくほど、その魅力にはまりやすくなるような気がします。

理由は大きく二つ、考えられます。

一つ目は、曲がりなりにも学生時代に通史を学んだおかげで、歴史を俯瞰して眺めるだけの知識が身についていることです。

全体的な歴史の流れがうっすらわかっているから、それぞれの時代がどんなふうにつながってきたのかが理解しやすいのです。

学生時代は試験に出る範囲に振り回されて、ひとつの時代を近視眼的に見るのが精いっぱいでしたよね？　それが勉強の楽しさを奪っていた部分が大きいように思います。

二つ目は、教科書通りではない学び方ができることです。

世界史のどこかの時代を切り取った文学・ドキュメンタリーのように読み物的に楽しめる本、歴史的な出来事を題材にした芸術作品など、さまざまなアプローチで楽しめます。

私の父のように、超長尺の本『世界の歴史』（中公文庫）を少しずつ読み進めていく、みたいな学び直しもいいですね。日々着実に歴史の知識が積み上げられていることを実感できます。

何であれ、「歴史をたどる」ことを軸に据えると、自然と長大なテーマになります。使い勝手のいいキーワードと言えます。

ほかにも「古文で習った古典文学を全制覇する」とか、「明治の文豪の全集を片っ端から読む」「西洋哲学・東洋哲学を概観する」「クラシック音楽の系譜を研究する」など、長大なテーマは無数にあります。自分にフィットするものを選ぶといいでしょう。

ニッチな分野を攻める

とくに男性がはまる趣味のひとつに、時計があります。ただ一口に「時計愛好家」と言っても、タイプはおもに三つに分かれるそうです。

一つ目は、投機の対象にするタイプ。転売を前提に、割安のうちに購入し、虎視眈々と値上がりを待つ、というスタイルです。

二つ目は、好きなブランド品をコレクションするタイプ。生産本数の少ない限定モデルや、伝説的な中古モデルなど、希少価値の高いものを求める、というスタイルです。

右の二つのタイプの時計愛好家は、どちらかと言うと「中身より世間的な価値」に注目している感じ。経済的に余裕のある人なら、それもアリでしょう。

けれども50代に似つかわしいのは三つ目、機械式時計の内部の構造に興味を持ち、その精巧に造られた宇宙に心酔する、という楽しみ方です。

機械式時計には手巻きと自動巻きがあって、いずれも巻き上げたぜんまいがほどける力を動力として、針を動かす仕組みになっています。

とにかく機構が複雑！　ストップウォッチ機能のついたクロノグラフや、閏月の翌日の3月1日を自動で認識する永久カレンダー、鐘などの音で時間を知らせるミニッツリピーター、重力の影響によって生じる時間のズレを防ぐトゥールビヨンなど、そこに発揮される高度な技術力に、またその見た目の美しさに、ファンは魅了されるのです。

天才時計士たちが積み重ねてきた技術と文化の歴史を探求すると、教養につながりますよね。一般的に時計店の方のなかには「中身の話をする」のが大好きな人もいるので、店に足を運ぶとよいでしょう。

私も時計の機構に興味があって、愛好家で知られる山田五郎さんが書かれた『機械式時計大全』（講談社選書メチエ）を読んだり、同じく山田さんの「これぞ、腕時計の教養講座」というユーチューブ番組を見たりして、楽しんでいます。

投機に走ったり、ブランド品をコレクションしたりするのが時計愛好家の主流だとすると、機械式時計の持つ機構や文化に関する見識を深めるのは傍流というイメージでしょうか。教養としての時計文化を攻めてみるのも、50代のたしなみとしていいかと思います。

私は「この価値がわかるのは自分だけではないか」とさえ思える、ニッチな分野に踏み込んでいくのがけっこう好きです。

つい最近も、あるホテルに泊まったとき、創業者がつくったという大きな図書室で斎藤茂吉が柿本人麻呂について書いた、分厚い5冊組の本『柿本人麿』（岩波書店）を見つけて興奮しました。

「斎藤茂吉って、こんなすごい本を戦前に出していたんだ。いまの日本でこれを買いたいと思うのは私だけじゃないかな」

と思ったのです。

その瞬間、短歌の大家であり、万葉集の研究家としても知られる斎藤茂吉と気持ちがつながったようで、とてもうれしかったことを覚えています。その後、古本で購入しました。

あえて自分には向いていそうもないことに取り組む

50代にもなると、どんなテーマで学び直すのが自分に向いているか、だいたいのところはわかっているはずです。

ですからその向き・不向きに従ってテーマを決めるのが、王道でしょう。

けれどもあえて逆をいくといいますか、自分には向いていそうもないことに取り組むのもひとつの方法です。

一番のメリットは、〝成長実感〟を得やすいことです。

自分には向いていないとわかっているものは、「やってみても、どうせうまくいかない」と、自分で自分に見切りをつけている場合がほとんどです。ようするに「自分にはその能力がない、低い」という思いこみがあるのです。けれども、見方を変えればそれは、

「伸びしろが大きい」

ということです。

たとえば歌が下手で、現状、カラオケでもせいぜい60点台しか取れないとします。そういう人は、ボイストレーニングを少しやれば、すぐに75点くらいは取れるようになるでしょう。それだけで「おお、うまくなったなあ」という実感が得られます。

もともと90点の人が95点を取るほうが、ずっと難しいのです。

学び直しを進めるうえで、この〝成長実感〟が得られるかどうかは、大事なポイントです。うまくなればうれしくて、続けることができるからです。

もっとも「やっぱり向いてなくて、三日坊主で終わった」としても気に病むことはありません。多少なりとも経験してみて、「そういうものか」とわかることが大切なのです。

その道のプレイヤーになれなくとも、プロの技のすごさを見る目が養われる。それもまた教養を身につけることのひとつのスタイルだと思います。

私の例で言えば、50歳手前で、楽器の演奏など向いていないことがわかっていながら、チェロを習い始めました。クラシック音楽が好きで、自分でも少し演奏できると楽しいだろうなと思って始めました。少しずつ上達するのを楽しみながら、先生について3年ほど習いました。

また三日坊主的なものでは、ゴルフをかじったことがあります。正直、私はテニスをやっていたので、「止まっているボールを打つなんて簡単だよ」となめ切っていました。「自分には向いていない」とは思わずに始めたのです。けれども父と練習場に行って打ってみたところ、意外とまっすぐ飛ばないことがわかりました。

それでゴルフは自分にはあんまり向いていないと思ったのですが、練習場体験にすぎませんがゴルフ中継の見方が変わりました。プロのすごさがわかり、彼らをリスペクトする気持ちが生まれたのです。これはこれで、学びの成果だったと思います。

ここでちょっと言い添えておくと、「プロのすごさ」というのは、50代くらいにならないと、なかなかわかりません。仕事でさまざまなキャリアを積んできたからこそ、プロの決断や行動の裏にある苦労・気持ちにまで、思いを巡らせることができるからです。

たとえばスポーツを観戦していて、審判の判定に感動することがあります。チャレンジやリクエストがあって、超スローで映像を見てやっとわかるくらい微妙なのに、プロの審判はその場で正しく判定を下している、そんな場面を見ると、もう脱帽しかない。もちろん誤審もありますが、多くは「よく見ていたな」と感心することが多いように思います。

また同じスポーツ観戦でも、若いときと違って50代にもなると、監督やコーチの気持ちがよくわかるようになります。長く管理職として働いてきた人は、プロとしての血が騒ぐと言いますか、つい監督・コーチの身になって戦力を分析したり、ゲーム運びを考えたりしてしまうのです。これがおもしろい。スポーツ観戦に、単に勝った・負けた、うまい・下手と騒ぐだけではない、知的な楽しみ方ができる、ということです。

ともあれ、自分に向いていようが、いなかろうが、経験のないことに挑戦するのは老化防止にもつながります。十年一日、判で押したように同じ生活をしていると脳は怠けますが、新しいことに挑戦するとまじめに、活発に働くからです。

あえて自分に向いていないことに取り組むのは、「ノーリスク・ハイリターン」の学び直しになるかと思います。

「推し活」を教養に広げる

ここ数年、「推し活」という言葉が、よく使われるようになりました。自分のイチオシを見つけて、その人を応援する活動全般を意味します。

もともとはアイドルの熱狂的なファンが自分の好きなアイドルを「推し」と呼んだのが始まり。「追っかけ」と似ていますね。

でもいまは、とにかく自分が好きで応援している人なら、俳優でも、ミュージシャンでも、スポーツ選手でも、作家でも、アニメの主人公でも、ジャンルを問わず、誰でもＯＫのようです。

50代のみなさんにおすすめしたいのは、文化的に豊かな趣味を持ち、行動している人を推しと目することです。そうすると、たとえば、

「推しが美術展のナレーションをやってるから、観に行こう」
「推しがおもしろかったと言っていたあの本を読んでみよう」
「推しは地方に行くと、史跡巡りをするらしい。同じところに行ってみよう」
「推しはお城好きで有名。彼のコメントをガイドに名城を回ろう」
「推しは俳句がうまいと褒められていた。自分も俳句の勉強をしよう」

といった具合に、〝推しの推し〟が教養の道を開いてくれます。

私はよく「あこがれにあこがれる」という表現をしますが、人が「何かをしたい」と思う欲望というのは、必ずしも自分の内側から湧いてくるものでもないようです。

フランスの文芸評論家、ルネ・ジラールは『欲望の現象学』（法政大学出版局）という本のなかで、次のように言っています

「欲望は三角形構造になっていて、自分が何かを欲望するのは、ほかの誰かがそれを欲望するからだ」

わかりやすく言うと、夏目漱石の『こころ』の先生がお嬢さんへの恋を加速させたのは、友人のKがお嬢さんに恋していると知らされたから、みたいなことです。

あるいはあるブランドの商品に人気が出ると、われもわれもと欲しがる人が増える、そんな現象も「欲望の三角形」と言えます。

欲望にはそういう側面があるので、推しの嗜好や行動を真似することに、何の引け目も感じることはありません。「推し活」から生じる欲望のままに、教養のテリトリーを広げていきましょう。

4章

50代から「どう」学び直すか

――大人の学びは「森」から入る

「学ぶこと前提のライフスタイル」を形成する

「どう学び直すか」を考えるときにもっとも重要なのは、学び直すという行動を日常の一部に溶け込ませることです。

ことさらに「学ばなければいけない」と構えることなく、少し時間が空いたら本を開くとか、この日この時間は机に向かう、教養番組を見る、図書館に行く、美術展に出かけるなど、〝学び直しイベント〟をルーティーン化するのです。

そうすれば自然と、行動が学び直しに向かうようになります。

たとえるなら、犬を飼うようなものでしょうか。私も犬を飼っているのでわかりますが、朝散歩に行くことから、ご飯をあげる、ブラッシングをしてあげる、遊んであげるなど、犬の世話をするのはけっこう大変です。

でも毎日のルーティーンになっているから、世話が必要なタイミングで考えるまでもなく体が動いています。

これまで2匹のワンちゃんを見送りましたが、いなくなると寂しいなんてものではありません。犬を飼うことが前提のライフスタイルになっていることもあって、いない日常が辛くて、辛くて、耐えられないのです。

結局、喪に服すること1週間くらいで、次のワンちゃんをお迎えする、という感じ。いまのワンちゃんは3代目です。

ですから私はもう、「犬なし」には生きられません。

同じように、「本を読むことなし」にも、「学ぶことなし」にも生きられません。

みなさんもそういう状態になれば、学び直すことが自分のライフスタイルの一部になるのではないでしょうか。

日課をつくって習慣化させるもよし、学ぶ喜びが得られる機会を増やすもよし、とにかく、

「学ばずにはいられない」

と心が自然と駆り立てられるよう、「学ぶこと前提のライフスタイル」を形成していきましょう。

そうすれば、努力せずとも学べるようになります。

活字に馴染む

50代というと、紙の新聞を読むことを日課にしているかどうかは、少し微妙な感じがします。デジタルに弱い世代でもないので、「もうだいぶ前から、新聞はスマホ（タブレット）で読んでいます」と言う方も少なくないでしょう。

これが70代以上になると、ほぼ100%、いまも紙の新聞を愛読しているのではないかと思います。実際、講演会などで、

「新聞の休刊日にガクッとすること、ありますか？」

と尋ねると、70代以上の方はみなさん、こう答えます。

「とてもガックリします。新聞のない朝は、本当に寂しい」と。

すばらしい！　私は「新聞が日本人の教養を支えてきた」とさえ思っています。

私も小中学生のころから、新聞をよく読んでいました。家で静岡新聞、日本経済新聞、

朝日新聞、産経新聞の4紙をとっていて、私はプラス、スポーツ紙を購読していたので、それだけでもけっこうな読書量でした。

おかげで、かなり〝活字力〟が鍛えられたと思います。

おそらく朝夕刊を隅から隅まで読むと、新書の3分の1程度の活字量になるのではないでしょうか。そのくらい活字に馴染んでいると、学び直すのに何の苦労もいりません。少なくとも本を読むことはできますからね。

紙の新聞を読んでいない人は、50代のうちにあらためて購読を始めることをおすすめします。「活字に馴染んでいる」ことは、学び直しの基本だからです。

またデジタル版と違って、紙の新聞では「検索して、読みたい記事だけを読む」ことができません。〝検索慣れ〟した現代人には不便に感じられるかもしれませんが、その不便さのおかげで幅広い分野の情報や知識に触れる機会が増えます。

たとえ見出ししか読まなかったとしても、自然と好奇心のアンテナにひっかかるネタが増えるのです。「何を学び直そうか」と、最初の一歩でつまずくことなく、テーマを見つけることができるでしょう。

とくに注目していただきたいのは、新聞の文化欄。美術や文学、演劇、歴史など、教養につながる話題が満載です。

私も先ごろ、日本経済新聞で綿谷正之さん（呉竹元会長）の「墨の味わい、枯れて深まる筆ぺん開発者が記す歴史」という記事を読み、筆ぺんの歴史に感じ入りました。

中国由来の墨の文化を継承しつつ、墨をすらずに使える筆ぺんを開発することによって日本の生活に定着させていく……古来の文化と経済活動が重なり合うところに、教養の奥深さを実感したのです。

もちろん新聞を読むことは、世の中の動きを知るうえでも重要。リタイア後も社会とつながっていられます。

本を読むことを習慣にする

二〇二四年の文化庁の統計では、「月に1冊も本を読まない」大人が6割を超えました。

読書離れを食い止めるのに必要なのは、習慣化です。私は学生たちに入学した瞬間から、

「毎週1冊本を読む」という課題に取り組んでもらっていますが、音《ね》を上げる人はいません。それどころか卒業するころにはみんな、自然と本を携帯し読むことが習慣になっています。「文庫か新書か、どちらか1冊が鞄のなかにないと不安になるくらいです」という声をよく聞きます。

私自身、小学生のころから「ノーブック、ノーライフ」という感じで、本とつき合ってきました。本さえあれば、自分の精神がいつも耕されている感じがするのです。

「晴耕雨読」というすばらしい四字熟語があります。これを私は、「晴れた日は外で体を動かして畑を耕し、雨の日は家にいて本を読んで精神の畑を耕す」ことだと解釈しています。

みなさんもいつでも精神の畑を耕せるよう、常に本を携帯し、好きなときにページを開けるようにしておくといいでしょう。自然と本を読む習慣が身につきます。

読書に関してあとひとつ、私が新入生に決まって問いかける言葉があります。

「君たちはいま、人生の岐路に立っています。先に二つの道が延びています。一つは読書をする知的な人生、もう一つは読書をしない人生です。さて、どちらを選びますか？」

50代のみなさんにも同じことを問いかけます。なぜなら、「本を読むことが、より豊かな人生への扉を開く」ことを意識してほしいからです。

本を読むというのは、古今東西、多種多彩な分野で活動する著者たちが言葉により思考し、表現した精神の世界を、自分の血肉とすること。読書体験を積み重ねていけばいくほど、自分自身の精神の畑が豊かに広がっていきます。

言い換えればそれは、読書によって、知的体験の乏しい自分自身の〝痩せた土地〟を耕し、肥沃な土壌に変えていくことです。

読書習慣が、知的で豊かなシニアライフへの王道だということです。

学び直しの柱として、大いに本を読みましょう。

50代以降の読書は「解説書を片手に、森から入る」

哲学や宗教、古典、科学など、難解な分野の本を読むときは、解説書に頼るのが鉄則です。

解説書に頼らず、頭のなかのモヤモヤ感を楽しむという方法もありますが、読む以上はやはりある程度理解したいですからね。

たとえばハイデガーの本は、彼特有の難しい用語が頻出し、それらを無視して理解するのはまず不可能です。まあまあ用語に慣れることはできても、内側に巻き込まれてしまうと、何を言っているのかさっぱりわからない状況に陥るのです。

私は大学院生時代に、原語のドイツ語でハイデガーの『存在と時間』を読むことに挑戦した経験があります。同学の士と「深読みをしよう」と試みたのです。

でも「何時間も格闘して、やっと2ページ読めた」という超スローペース。深く読んでいる気になっていましたが、結局は読み切れませんでした。

それよりも日本語訳でまず大筋をつかみ、原語と照合しながら読んでいけばよかったと、大いに後悔したことを覚えています。

とはいえ、比較的時間の自由がきく学生時代は、そういう「木を見て森を見ず」的な読書も悪くはないでしょう。難しさと格闘することもまた、勉強の喜びです。

ただ50代になると、そこまで回り道をするのは時間がもったいない。

「森から入る」のが一番です。

件《くだん》のハイデガーなら、『ハイデガー哲学入門――『存在と時間』を読む』（中正昌樹著・講談社現代新書）とか、ドイツ語のニュアンスを生かした分析がすばらしい『ハイデガー『存在と時間』の構築』（木田元編著・岩波現代文庫）などの解説書とともに、じっくり読み解くと、理解が進みます。

また古典は、漢字やかなづかい、言葉、言い回しなどが古いために、「日本語なのにわかりにくい」と感じる人が多いようです。外国の古典にしても、歴史的背景がわかりづらく、内容が頭に入ってこないこともあります。

そういう場合には、原典と、それをわかりやすく解説した本をいっしょに読むか、「角川ソフィア文庫」のように原典と解説が一体化している本、現代風にわかりやすく翻訳している光文社の「古典新訳文庫」などを選ぶといいでしょう。

これも「森から入る」読書のひとつ。解説書で全体を俯瞰してから読んだほうが、より深く理解できます。

たとえば阿刀田高さんがギリシア神話や旧約聖書、コーラン、イソップ、源氏物語などを解説する「知っていますか」シリーズ（新潮社）などはおすすめです。

難解な本を読むうえで大事なのは、この本はどんな森を描いていて、自分はその森のどこにいて、どうすれば踏み迷わずにちゃんと歩いていけるのかが、ちゃんとわかっていることなのです。

それに、せっかく興味をもって手に取ったのに、何も理解できないまま放り投げてしまうなんて、50代の大人としてはちょっと情けないような、恥ずかしいような、複雑な気持ちになりますよね。

ぜひ解説書片手に、森から入って、自分にとってすばらしい木を見つけてください。

読書友だちを持つ

本を読んで学び直しをするときは、ひとりで黙々とやるよりも、友人や仲間がいたほうが張り合いがあるものです。

私自身、いまは教え子たちが私の読書友だちのようになっていますが、大学生時代には3人くらい、読書友だちがいました。

みんなで集まっては同じ本を読んで、あるときはコーヒーを、あるときは酒を飲みながら、時間を忘れて語り合ったものです。話題はその本の感想から、それぞれの読書体験に飛び、とても楽しいひとときだったことを覚えています。

このような読書友だちを持つことの良さは、同じ本を読んでも、人によって見方や理解がまったく違うと気づけることです。〝読書談義〟をするなかで、

「へぇ、そんな視点もあったんだ」

「その解釈は新鮮だな」

「自分はちょっと読みが浅かったかな」

「それはさすがに深読みし過ぎでは？」

など、さまざまな考え方・価値観に触れて、気づかされることが多いのです。

それが自身の視野を広げることにつながります。と同時に、固くなりがちな〝シニア脳〟

を柔軟にすることにも役立ちます。

また友だちが読んだ本の話を聞いて、読みたい本が増える、というメリットもあります。読書友だちは知的刺激を与えてくれる存在でもあるのです。

ひとりでもいいから、本について語り合える読書友だちを持ってください。「本のある暮らし」を続けていくためにも、それはとても大切なことです。

もしリアルで読書友だちが見つからなくても心配無用。インターネットで読みたい本を検索すれば、レビューがたくさん掲載されています。次々と読むうちに、読書体験を語り合っているような気分になれます。

彼らも立派な読書仲間。検索がてらいろんなページを閲覧するうちに、おもしろそうな本にめぐり合えるでしょう。

インターネットの世界で「同好の士」を見つける

インターネットは学び直しの気分を盛り上げるツールになりうるものです。

というのもネットの世界には、リアルでは想像もつかないくらい大勢の〝住人〟がいて、自分と同じ趣味嗜好を持つ人が見つかりやすいからです。

しかも探し当てたその「同好の士」とも言うべき人物とは、リアルに顔を合わせずとも、また知り合いになるための段階を踏まずとも、簡単にその人の考えを知ることができます。

何かを学ぶとき、同好の士がいるのといないのとでは、張り合いがまったく違ってきます。話が盛り上がって、楽しい時間も増えます。ひとりで学んでいるよりずっと気分が盛り上がるので、できれば同好の士はいたほうがいいでしょう。

私自身、インターネットで自分と同じことに興味を持ったり、同じような行動をとったりする人を見つけては、「精神の友」を得たような、ほっこりした気持ちを味わっています。たとえば宮本武蔵関連のことを調べていたときのこと。「20代のころに吉川英治の『宮本武蔵』（新潮社）を読んで感動して以来、自分は武蔵になると決めて、一心不乱に修行した」というようなコメントを見つけました。

何を隠そう、私も高校に入学する前に同じ本を全巻読み、「武蔵になろう」と思ったのでした。

「自分以外にも武蔵になろうとしている人がいたんだ」

と感動した私は、その人のコメントをコピーして、ストックしてあります。

いまもそれを折に触れて眺めては、武蔵への熱い思いを共有しているのです。

その彼とは現実に会ったことはありませんが、私にとって向学心を高めてくれる「精神の友」のような存在です。

こういう精神の友が得られるのは、インターネット時代のいいところです。

別につながる必要はありません。ネットのコメント欄を読むだけで十分です。

50代からは、インターネットを活用しながら、学び直しを軸にした新たな人間関係を構築することをおすすめします。

ユーチューブを学び直しの入口にする

たぶん私は、同年代のなかではユーチューブを視聴している時間が長いほうだと思います。1日に平均1時間半くらいは見ているでしょうか。CMをスキップできるプレミアム会員になって、おもしろそうなプログラムを1・5倍速で見まくっている感じです。

どの分野でも専門家の話は、その道で得た知識が深く、おもしろい。分野を問わず、好奇心の赴くままにいろんな話を聞いていると、視聴者である自分自身の物事を見る目が深くなっていくような気がします。別の言い方をすれば、

「奥深いところにあるおもしろさを知ることで、学ぶときにひとつのことを深く探求したい気持ちがいっそう強くなる」

ということです。

ユーチューブの一番の魅力は、視聴者を受け入れる間口が非常に広いこと。求める知識を提供する専門家がいないなんてありえない、と言っていい。それも一流の専門家が先生になって、持てる知識を惜しげもなく披露してくれるのです。

それはもう、連続して見ていると、「タダでこんな深い話を聞けて申し訳ない」気持ちになるくらい。それほどにすばらしい話が無数にラインアップされている、ということです。

みなさんもさまざまな本を乱読するように、多種多彩なユーチューブ番組を楽しんでみてください。きっと自分が学び直しをしたいテーマが見つかります。そこから知識を深掘

りしていくことで、立派な教養が身につくでしょう。

あるいはユーチューブは、カルチャースクールのようにも活用できます。

たとえば「書道を習いたい」とします。ちょっと検索しただけで、一流の書道家が姿勢から筆の運び方、とめ・はね・はらいを上手に書くコツなど、いろんなワザを伝授する番組が次々とヒットします。そのなかでいいと思った先生に弟子入りするような気持ちで、視聴するといいでしょう。

リアルで弟子入りすると、先生との相性もあるし、そう気軽に教えてもらうわけにもいかないので、先生といい関係を築いて、かつ書道の腕を上げるのは意外と大変です。

その点、ユーチューブは双方向の学びはできませんが、先生といい関係を築かなくても教えてもらえます。私淑する感覚で教えを受けられるのがメリットと言えるでしょう。

50代のユーチューブ活用術は、専門家が語る文化的に深い話を聞くことと、「50の手習い」感覚でいい先生に私淑することが二大テーマ。教養の世界がぐんと広がります。

スポーツ観戦を通し身体文化の燃焼に感動する

私はジャンルを問わず、スポーツが大好きです。「人生の時間が足りない」と危惧するくらい、相当な時間をスポーツ観戦に費やしています。

たとえばテニスは4大大会だけでも、年が明けてすぐに全豪オープン、5月末に全仏オープン、7月にウィンブルドン選手権、8月に全米オープンと続きます。それぞれ「決勝戦だけ見ればいい」というものではありません。1回戦・2回戦だって、のちに優勝する選手がマッチポイントを握られるほど追いこまれる場合もあるのです。

残念なのは、全試合をライブで観戦するのが難しく、数試合は録画して見ざるをえないことです。そうすると「大会が終わっているのに、自分が録画した試合を見終わっていない」とか、「全仏オープンを見終わらないうちにウィンブルドンが始まっちゃった」というようなことが起こります。

でも大会の結果を知ってから見るのはイヤなので、ニュースをシャットアウトしながら、あたかもライブで見ているように録画の観戦を続けます。これがけっこう苦しいのですが、しょうがない、1試合だって見逃したくないのですから。

甲子園もそう。1回戦から全試合を観戦しています。歴史に残るような名勝負・名場面がどこで起こるかわからないと思うと、〝つまみ食い〟はできません。

なぜ私がこれほどまでにスポーツ観戦に夢中になるかと言うと、3、4時間の試合のなかで、選手たちが肉体と精神の限界に挑むように戦い続ける、そこに生じる肉体と肉体、魂と魂のぶつかり合いに感動するからです。

スポーツを通して鍛え上げられた心技体――精神・技術・肉体が、最高の状態でぶつかり合うのを目の当たりにして、

「スポーツもまた、人間の精神活動に深く関わる文化なんだな」

という思いを新たにするのです。

スポーツ観戦は単なる娯楽ではありません。50代は娯楽を娯楽で終わらせず、その世界の深みを探究したくなる年代。スポーツに相対するときも、

「熱い魂と魂、肉体と肉体のぶつかり合いにより生じる文化」

という視点を持って、楽しむといいでしょう。

いまスポーツ好きでない人も、何かのきっかけで突然はまる、ということはよくあります。私の知り合いにも、たまたま2023年のWBC（ワールド・ベースボール・クラシック）で日本が逆転サヨナラ勝ちをおさめたメキシコ戦を見て、すっかり大谷翔平選手にはまった人がいます。

大谷選手の熱い魂がガツンと乗り移り、興味を持たずにはいられなくなった、というところでしょうか。

それまで「右中間に球が飛んだ」と聞いて、「え、宇宙間？」と勘違いするくらい、野球をまったく知らなかった人が、いつの間にかメジャーリーグに詳しくなり、いまやアメリカまで観戦に行くほどのファンになっています。

こういうふうに〝教養世界〟を深めるのも、非常におもしろいかと思います。

「＋解説」でスポーツを教養として楽しむ

もうひとつ、スポーツを教養として楽しむ方法があります。漫然と観戦するのではなく、プロの解説を聞いて、より深く掘り下げていく、という方法です。

たとえばボクシングは、解説抜きでは選手の技術のすごさを深く理解することは、なかなかできません。

私はもう50年来のボクシングファンです。小学生のときにモハメド・アリ対ジョー・フレージャーとか、同じくアリがジョージ・フォアマンに劇的な逆転KO勝利をおさめた「キンシャサの奇跡」などの世界へビー級タイトルマッチをテレビで見て興奮していたのです。

もちろん日本の選手だって、世界スーパーウェルター級王座を獲得した輪島功一の時代から、ずっと見ています。生で観戦したことも何度もありますし、格闘技経験もあります。

その私でも「ボクシングを見るのは難しい」と感じています。なぜなら一瞬の間にいろんなことが行われていて、何が何だかわからないことが多いからです。スローモーション映像とともに流される解説を聞いて初めて、「そうだったのか」と納得する感じです。

でも正直、中継時の解説だけでは足りない。そう思っていたところに、すばらしい解説番組を二つ、発見しました。

一つは、ユーチューブの「ボクシング解体新書」。わずか2秒くらいの間にボクサーが何を考え、どんなふうに動いていたのか、映像をコマ送りしながら、詳しく解説してくれます。

おかげで「ここでフェイントをかけたのか」「左へ行くと見せかけての右だったんだ」「ここからあっちへステップを踏んだのか」など、いろんな動きが見えてきます。そのうえであらためて元の動画を見ると、「2、3秒の間にあれだけのことが起こっていたなんて、人間業《わざ》じゃあないな」と感動を新たにします。

解説動画がアップされると、「待ってました！」「無料で超一流の解説を聞けて感謝申し上げます」「もう解体新書さんの動画を見終わるまでが試合。みたいな感覚になってきています！」というようなコメントであふれます。

もう一つは、WOWOWの「エキサイトマッチ～世界プロボクシング」という番組です。たとえば井上尚弥《なおや》選手が自分の試合を自分で解説する、というような企画があって、これがとてもおもしろい。

選手がどういう意図でどう動いたのか、パンチにどんな思いを込めたのか、どのあたりからいけると思ったのか、どの場面で危ないとあわてたのか、相手のパンチをどう予測したのかなど、試合中の心の声を次々に全部明らかにしてくれます。

こんなふうに、ライブで試合に熱狂し、その後の解説を聞いて感動を深めるという二段構えで楽しむと、スポーツ観戦が教養レベルに高まるのです。

プロスポーツの裏側を〝のぞき見〟する

スポーツに関連してあとひとつ、ユーチューブで「プロ中のプロの話を聞く」ことにも、教養につながる魅力があります。

プロの方はよく、「一般の方にはただ楽しんでもらえればうれしい。技術的なことはわからなくてもいい」というようなことを言いますが、それはあくまでも「入口」の話。技術的なことを含む〝裏の話〟を知ることで、楽しみ方に深みが出ます。

ユーチューブは収録時間に限りがないし、肉声がストレートに届くので、雑誌の対談にはない良さがあります。スポーツを教養として楽しむには、とても魅力的な媒体と言っていいでしょう。

テレビ番組を勝手にアップするのはよくないことですが、数十年前の映像に出会う楽しみがユーチューブにはあります。

たとえば野球関連では、「長嶋茂雄×王貞治」の対談が見られました。野球界のスーパースターの2人が打撃について真剣に論じ合う、40年も前の〝お宝映像〟が、いまに甦るのです。これほどの興奮はありません。

しかもあの長嶋さんが「自分はバックスピンをかけて遠くへ飛ばしたいんだけど、どうしてもライナーになっちゃう。打つ球にもその人のクセがあるんだね」といったことを話しているのを聞くと、「へぇーっ」と驚きつつ、達人の世界に深く潜り込んだような気持ちになれます。

また、元プロ野球選手の片岡篤史さんが自身のチャンネルで、PL学園で2年先輩だった桑田真澄さんと対談しているのもおもしろい。

桑田さんは高校1年生のときカーブが曲がらなかったのに、PL学園の臨時コーチだった清水一夫さんから「大丈夫や、甲子園行ったら曲がる」と言われて、本当に曲がった……なんて、ウソのような本当の話が大阪弁で明かされるのです。

　高校1年生で甲子園に行って、準決勝で池田高校と対戦し、池田高校のエースで四番だった水野（雄仁）さんと死闘を繰り広げた裏にも、いくつもの感動エピソードがあると知るだけで、知的好奇心に火がつきます。

　ほかにも名捕手・古田敦也さんの「フルタの方程式」とか、元メジャーリーガー・上原浩治さんの「上原浩治の雑談魂」など、プロのレベルの高さにうならされる裏話がたくさん聞けます。引退したからこそ明かされる秘密もあって、「知らなかった」「初めて聞いた」「まさかそんなことがあったとは」と驚くことの連続。興味が尽きません。

　プロスポーツを観戦して熱くなる一方で、プロ中のプロの話を通して裏側にある世界を〝のぞき見〟する。そうして深い知識が肉付けされたとき、スポーツ観戦は教養にグルーピングされる趣味となるように思います。大いにユーチューブを活用しましょう。

そうだ、学校へ行こう！

ユーチューブの充実ぶりを見ると、「大学や市民大学、カルチャーセンターなどで学ぶまでもないかな」と思えるかもしれません。

たしかに〝ユーチューブ学校〟は基本的にタダだし、番組も豊富ですが、だからリアルの学校に行く必要はない、とはなりません。なぜなら両者は、まったくの別物だからです。

一番の違いは、講師と生徒が「対面」で学べるかどうか、にあります。

ユーチューブで学ぶ場合、先生から生徒は見えないので、極端な話、寝そべってお菓子を食べながら受講することもできますよね。リラックスして学べるけれど、緊張感を保つのは難しいものがあります。

その点、学校は常に先生と顔を合わせているし、コミュニケーションも直接的なので、緊張感を持って講義に臨めます。どちらが学習効果が高いかは、言うまでもないでしょう。

加えて学校には、「仲間とともに学べる」という良さがあります。

学校には向学心を持った人々が集まってくるので、教室は良質な〝学びの気〟に満たされます。しかも学ぶなかで、互いがいい刺激を与え合いながら、自然と知性が磨かれます。

とくに社会人の学生は、学びに対する真剣さが違います。

「身銭を切って学びに来ている」

ので、自然と「費用対効果（コスパ）」を意識するからでしょう。

大学の私のクラスにも社会人学生が時々いますが、彼らは自分の学びに対して、「何をつかみ取り、どう社会に還元していくか」と課題を明確にして授業に臨むので、授業中もぼんやりしていることがないのです。

社会人学生たちが前のめりになって学ぶ姿勢を見ると、教える私もやりがいを感じますし、若い学生たちにもいい影響を与えてくれます。

みなさんがもし50代の社会人学生になったなら、大学においてはなかなか刺激的な存在になれます。そういうところにも、学び直しの喜びを感じることができるでしょう。

また私は、長く市民大学の講師を務めていましたが、50代から80代まで、さまざまな年代の方が前向きに勉強に取り組んでおられます。

年齢を重ねてから学び舎《や》に集ったということで、仲間意識が生じやすいのでしょう。誰かが企画して、修学旅行風の合宿を行うなど、卒業後も交流が続くことが少なくありません。宿舎でフォークソングを歌う彼らを見ていると、

「学ぶことを軸にした集まりには、時を戻す効果がある」

と実感しています。

そういったことを考えると、学校で学ぶことはじつは一番コスパがいいのではないでしょうか。

コロナ禍では、大学の授業も、会議も、コンサートも、オンラインでやりくりしました。けれども揺り戻しと言いますか、いまは学生たちの間でもかなりライブ熱が高まっています。ライブとオンラインとでは、体験の質がまったく違うことを再認識したのだと思います。

たとえば音楽でも、普段はネットで情報を得たり、ユーチューブを視聴したりするけれど、「これだ！」と思う一番肝心なものはライブに行く。そうして本物を見て感動したら、またユーチューブを見る。そんな循環をつくって楽しむのが、若者たちのある種のパター

ンになっているように見受けられます。

50代の学び直しにおいても同様に、ユーチューブをきっかけに、「よし、本格的に学ぼう」と気持ちが動いたら、学校の門を叩くようにすると、いい〝勉強循環〟ができると思います。

「2週間方式」で集中的に勉強する

勉強というのは、「上達したな」とか「知識量が増えたな」といった実感が得られないと、つまり何らかの結果が出ないと、なかなか長続きしません。

とくに語学のようなものは、「上達したな」という実感が得られて、初めてやる気に火がつくところがあります。

そこらへんを考えて、私が編み出した勉強法が「2週間方式」です。

なぜ2週間なのか。それは、1週間だと結果が出にくいし、1カ月だと集中力が続かない。集中して勉強し、結果を出すには、2週間という単位がベストであると思うからです。

これは私自身の実体験から割り出した数字です。受験のころから、「ひとつの科目を2週間やる」と決めて、勉強に取り組んでいました。いろんな科目に手を出すより、そのほうが成績が目に見えて上がったからです。

学生たちにも「上達のプロセスを学ばせる」のを目的に、次のような課題を出しています。

「やったこともなく、何の知識もないことを、2週間トレーニングしてみましょう。結果、まっさらな状態から、どれくらい上達したか、報告してください」

たとえばある学生は、トルコ語を勉強したところ、けっこうなレベルまで上達したようです。本人は最初、「2週間で結果が出るわけない」と懐疑的でしたが、結果に大満足。「トルコ語のトの字も知らなかったのに、2週間でここまでできるようになるとは驚きです。勉強するのがすごく楽しくなりました。

2週間単位がすごく気に入ったので、この方式でトルコ語の勉強を続けたいし、ほかのことにも挑戦したい」

とうれしそうに語っていました。

ほかに「卵を片手で割る」というトレーニングを2週間続けて、相当上達した学生もいれば、作曲に挑戦して自分の才能に手応えを感じた学生もいます。

50代のみなさんも、語学でも何でもいいので、ちょっと学習意欲が芽生えたら「とりあえず2週間方式でやってみるか」と気軽に取り組んでみるといいでしょう。そこで成長実感が得られれば、きっと長続きしますよ。

語学の勉強は全文朗読CDで

学び直しのテーマに語学をあげる人も多いでしょう。

「何のために」というところでは、たとえば「海外旅行をしたときに、ある程度しゃべれるようになりたい」人もいれば、「原語で海外の文学作品を読みたい」人、「外国の大学のネット講座を聴講したい」人、「外国語でメールを書いて、海外の人と交流したい」人など、人それぞれ。目的によって勉強のやり方は違ってきます。

でも教養面含め、トータルに勉強したいなら、おすすめの勉強法があります。それは、

「全文朗読ＣＤが付いているオーディオブック」を使うことです。

たとえばサン＝テグジュペリの『星の王子さま』なら、「対訳の本で日本語とフランス語を読みながら、ＣＤでフランス語を聞く」というスタイルがいいでしょう。

あるいはカズオ・イシグロの『わたしを離さないで（Never Let Me Go）』や、アガサ・クリスティの『オリエント急行殺人事件』など、人気があって、比較的簡単に読める作品のオーディオブックがいろいろと出ています。

「一章ずつ、あらかじめ訳を読んで内容を把握したうえで、原書を読みながら、ＣＤを聞く」

というふうにすると、学習効率が上がるかと思います。

意味がわかったうえで聞いたほうが、頭に入ってきやすいのです。「聞く」と「読む」をセットで学ぶ感じがいいですね。

また朗読と合わせて、自分も音読すると、「話す」力が磨かれます。朗読のプロのスピードについていくのは大変ですが、挑戦のしがいはあるでしょう。

ちなみに日本語の上手な外国人に「どうやって勉強したか」を聞いたところ、「よく話す・よく間違える・よく笑う」が上達の3原則だそうです。コミュニケーション重視の語学勉強をする場合は、覚えておいてください。

「即アウトプット」で勉強効果を高める

短期集中型の勉強法と言えば、考古学者のハインリヒ・シュリーマンを思い出します。彼は十数カ国語を自在に操る「語学の天才」でしたが、『古代への情熱』によれば、短期集中で取り組む以外にも、独特な語学の勉強法を実践していたそうです。それは、「ギリシア語ならギリシア語の短い物語を暗記して、人にしゃべる」というものです。

聞き役になってくれる人はバイトで雇ったといいます。ふつうは教えてもらう人が教えてくれる人に対して、対価としてお金を払いますよね？　でもシュリーマンは、教えてもらうのではなく、単に聞いてもらうだけ。しかも相手は、その言語を知らない人だったそうです。

ひとりで音読するなり、暗誦するなりすればよさそうなものですが、彼は何のためにそんなことをしたのでしょうか。

おそらく彼は知っていたのです。学んだら即、誰かにアウトプットをしたほうが、勉強効果が上がるということを。

たしかにひとりで勉強しているだけだと、緊張感もなければ、張り合いもなく、やる気が起きにくいものです。その点、何を学んだのかを誰かに報告する感じでアウトプットすることを習慣にすれば、断然、気合いを入れて学ぶようになります。

またアウトプットが復習にもなり、知識が定着する、というメリットもあります。

何もシュリーマンのように聞き役を雇わなくてもアウトプットはできます。現役時代に会社で業務報告をしていたように、「X」のようなSNSツールを使って、日記風に「本日の学び」を発信する、という方法だってあります。

ただしその場合は、「フォロワーを増やそう」なんて雑念は捨ててください。アウトプットすることに意味があるので、読者は想定しなくてけっこうです。

あるいは仏壇に手を合わせるときに、ご先祖さまに「今日はこんなことを学んだよ」と話しかけるのもひとつの方法です。

50代になると、学校に通わない限り、リアルで勉強友だちを持つのは少し難しくなりますよね。月に一度くらい会って、勉強効果を語り合えるパートナーを持つのが理想ですが、ムリなら、ふだんからシャドーボクシング風のアウトプットに努めるのもアリです。勉強効果は十分に上がると思います。

ちなみにシュリーマンは、貿易で財を成し、41歳で実業家を引退。少年のころに読んだホメロスの詩を史実と信じ、遺跡の発掘に乗り出した人物です。そうして50歳手前のころから小アジアのヒッサリクの丘を発掘し、トロイ遺跡の実在を証明しました。

シュリーマンはその後もさらにミケーネ、オルコメノス、ティリンスを発掘し、ミケーネ文明の存在をも明らかにしたのです。

50代からでも、これだけのことができるのです。今後の人生の範となるのではないでしょうか。

5章

50代から「いつ」「どこで」学び直すか

——限られた時間のなかでタイパよく学ぶコツ

「時間がない」は禁句にしよう

学び直しの基本は、学びたいテーマに関連する本を読むことです。けれども残念ながら、多くの50代が本を読む、たったそれだけのことがなかなかできないようです。

本を読まない人の言い訳は、だいたい二つに集約できます。

一つは「忙しくて、時間がない」。

もう一つは「老眼だから、活字が見えにくい」。

厳しい言い方をしますが、どちらもただの言い訳に過ぎません。どんなに忙しくても、老眼であっても、学ぶ気持ちのある人は本を読まずにはいられないものだからです。

たとえば名経営者と評されたトヨタ自動車の元会長・奥田碩《ひろし》さんは、社長時代も大変な読書家として知られていました。トヨタの社長より忙しいのか、という話です。

また出口治明《はるあき》さんは、ライフネット生命保険の創業者であり、立命館アジア太平洋大学の元学長であり、多くの著作があることでも知られています。忙しくないわけがないその出口さんも、やはり読書好きです。「忙しくて本を読む時間がない」なんて決して言いません。

実は私、出口さんにお会いする機会があったとき、どのようにして本を読む時間を確保しているのかをうかがったことがあります。出口さんが言うには、

「私には趣味らしい趣味がないので、空いている時間はすべて読書に充てています。合わせればけっこうな時間がとれますよ」

とのことでした。

また読むスタイルとしては、「読み始めたら、最後まで読む」主義で、「1冊読み終えたら、次の本に行く」そうです。

私は「空いている時間を読書に充てる」点では同じですが、スタイルが少し違います。たぶんいま読みかけの本が数冊あります。場合によっては、10冊・20冊を並行して読むこともあります。

いずれにせよ、本をたくさん読む人に共通しているのは、「読書を、ちょっとした空き時間の中心に充てる」ことだと言えそうです。

どんなに忙しくても、空き時間が1分もない、なんてことはありえません。通勤や移動の時間とか、休憩時間、何かの待ち時間、思ったより早く仕事が仕上がったときの余りの時間、家で過ごす時間など、掻き集めれば1日に1時間や2時間の時間はつくれるはずです。

そろそろ「忙しい」を言い訳に、本を避ける生活から脱け出しましょう。それをやるか、やらないかで、学び直しに対する本気度が変わってきます。

ちなみに老眼についても同じ。最近の本は活字が大きいですし、タブレットなら電子書籍を拡大できる。その気になれば、眼鏡をかけるなり、拡大鏡を使うなり、オーディオブックで〝聞いて読む〟なりして、「本を読む」環境を整えることができます。その気になれば改善策はいくらでも講じられるのです。

まとまった時間を確保しなくてもいい

勉強に慣れていない人はとくに、いざ勉強するとなると少々気負い気味になるために、

「せめて1時間、できれば2、3時間は確保しよう」と思うのかもしれません。

けれども勉強で大事なのは、じつは時間を確保することではなく、「さあ、勉強しよう」と思ったら、すぐに取りかかることです。

仕事もそうですが、取りかかるまでにけっこう時間がかかりませんか？　何となく「やらなくちゃ、なんだけど、やりたくない」と思っているうちに、すぐに15分や30分の時間が経ってしまいます。

ひどいときは、「やらなくちゃ」と思うと、条件反射のようにほかのことをやりたくなる、なんてこともあります。「さあ、仕事だ。その前にメールを1本」「さあ、勉強だ。その前にお菓子で腹ごしらえ」といった具合に。

これは明らかにムダな時間です。そうならないようにするには、「四の五の言わずに、とにかく始める」しか方法はありません。

でも、それができないから、困ってるんですよね？　そんなことは百も承知。ならばまず「勉強は時間単位で行うもの」という固定観念を取っ払ってください。そして、「忙しいし、15分だけやろう」

と決めるといい。

これだけでずいぶん気持ちが軽くなり、勉強に向かうハードルが下がるのではないでしょうか。

もちろん本当に、15分でやめてけっこうです。ただ多くの場合、15分経つと興が乗ってくるので、「もうちょっとやろうかな」となります。

これが習慣化すると、勉強をしようと思った瞬間に取りかかれるようになります。〝勉強モード〟を起動する時間を最小化できるのです。勉強には集中力や持久力が求められますが、それ以前にこの「起動の速さ」が一番のポイントだと、私は考えています。

「細切れ時間」を活用する

このように勉強に対する時間単位を「時間」から「分」に変えると、「細切れ時間」を活用するのがうまくなります。

これをただの「空き時間」だと思うと、何もせずにボーッと過ごすことになりかねません。「X」でつぶやいたり、ラインで親しい人にメールしたり、何となくウェブ・ニュースをチェックしたり、〝スマホ・タイム〟になるのがせいぜいでしょう。

それを悪いとまでは言いませんが、〝スマホ・タイム〟はどうしても時間を浪費する面があるので、あまり生産的な時間の使い方とは言えません。本を読むなり、勉強系のユーチューブを見るなりしたほうが、充実感を得られるでしょう。

「細切れ時間」を有意義にするも、しないも、使い方しだいなのです。

15分だと、本1冊はムリでも短編なら1本くらい読めます。細切れ時間があるときにいつでも読めるよう、文豪の短編集を携帯しておくといいでしょう。

たとえば太宰治は短編にもいい作品が多く、私も『饗応夫人』や『トカトントン』『眉山』『座興《ざきょう》に非《あら》ず』などが好き。あと谷崎潤一郎の『幇間《ほうかん》』『刺青《しせい》』とか、芥川龍之介の『鼻』『芋粥』など、文豪の書く短編は「すごい世界観だ」と圧倒されるものばかり。いつも何か1冊持ち歩くのは、細切れ時間の勉強にうってつけです。

また持ち歩く本で言えば、歌集や詩集もおすすめです。小説とちがい、始まりも終わりもないので、短い時間にパラパラめくると、一気に詩的な世界に引き込まれます。

松尾芭蕉、小林一茶、与謝野晶子、種田山頭火、石川啄木、中原中也、宮沢賢治……すばらしい歌人・俳人・詩人たちの精神と出合う15分が、どれほど豊かな時間になることか。

まずは〝15分読書〟を通して、「細切れ時間」でいかに充実した時間を過ごせるか、実感してください。

何もせずにぼんやりしていたり、スマホに支配されて過ごしたりするのがもったいなく思えてくるはずです。

カフェを読書室にする

50代のみなさんは、まだ勉強時間をたっぷり取れるほど暇ではありませんよね。だからこそ「細切れ時間」を活用することが大事になってくるのですが、もうひとつ、課題が残ります。「どこで勉強するか」という場所の問題です。

これを簡単に解決する方法があります。

「カフェを読書室として活用する」

ことです。

多くの人がカフェを「息抜きの場所」と考えているかもしれませんが、ほっとひと息つくのはほんの1、2分くらいで十分だと思いませんか?

実際、カフェに集う人たちを見ていると、何もせずに30分とか1時間、ひたすらまったりと過ごす人は少数派のように感じます。休憩時間といえども、何もしないでいると飽きるものです。

だからみなさん、スマホをいじったり、PCで仕事をしたり、ゲームをしたりして過ごすのだと思います。

そういう時間を学び直しに、本を読む時間に充てましょう、というのが、〝カフェ派〟を自認する私からの提案です。

じつは私、学生のころから家で勉強するのが苦手でした。机の前に何時間も座っていられず、寝っ転がって勉強することが多かったくらいです。

もちろん本は家でも読みますが、だいたいはユーチューブを〝聞き〟ながらとか、テレビを見ながら、スポーツ観戦をしながら、などの〝ながら勉強〟です。

いや、勉強ではないですね。読書は私にとって、娯楽に近いもの。息を吸うように、無意識のうちに楽しんでいるところがあります。

それが私の〝特殊事情〟かと言うと、そうでもない。本の種類にもよりますが、本を読むのに必ずしも「机に向かう」などして構えることはありません。

ただ自宅は、いろいろやることが多すぎます。自宅よりカフェのほうが騒々しいようでいて、意外と簡単に「ひとりの時間」に入り込めます。いい感じで集中力を起動・持続させることができるような気がします。

カフェは60分程度の勉強にも最適

カフェは、「細切れ時間」だけではなく、1時間程度の勉強タイムにも使えます。つまり本腰を入れて勉強するにも、カフェは最適な場所だということです。

ですから、空き時間ができたら、書斎にこもるように、カフェに行くことをおすすめします。少々難解な本を読むとか、長尺の勉強系ユーチューブを見るとか、できることはけっこうあります。

いまは300円前後でコーヒーが飲めるカフェチェーン網が充実しているので、さほどコストもかからず「勉強空間」を確保できるでしょう。

私自身はカフェを仕事場としても活用しています。とくに本の校正作業は、カフェが主戦場。1箇所でも間違いがあると大変なので、気を引き締めて取り組まなければならないからです。

また60分あれば、400字から600字、興が乗れば1200字くらいの原稿が書けます。だいたいスマホのメモに、パパパッと書いています。

このように、カフェに集中の手助けをしてもらっている感じです。

理想を言えば、しっかり勉強するときは、大学の授業の1単位に相当する90分程度の時間を確保したいところ。とはいえ長居し過ぎると、お店には迷惑ですよね。たとえば「1時間じゃあ足りない。もうちょっと勉強を続けたい」というような場合は、おかわりをする、あるいはお店を変えて〝カフェはしご〟をするなど、気を使うことも大切です。

いずれにせよカフェは、町のあちこちに備えた自分の書斎のようなもの。出社前や移動中、仕事帰り、休日など、少しでも時間が空いたらカフェで勉強をする、というのが50代の勉強法というものです。

"コーヒー効果"を最大限に利用する

どんなドリンクを注文するかは個人の自由ですが、私はコーヒーが多いです。と言うのも「カフェイン効果」と言いますか、頭がすっきり、はっきりするし、集中しやすいような気がするからです。

シュテファン・ツヴァイクというオーストリアの作家が書いた評伝『バルザック』(中央公論新社)によると、フランスの文豪バルザックは、大変なコーヒー好きで、「おいしいコーヒー豆を求めてパリの街をさまよい歩いた」そうです。また、「コーヒーを飲むと、頭のなかで味方の軍隊が立ち上がって、自分の仕事を励ましてくれる」

と言った、なんて話も伝えられています。

私にとってコーヒーは、勉強のお供に最適な飲み物です。

ちなみにコーヒーは、近代社会を象徴する飲み物であるとする説もあります。ドイツのヴォルフガング・シヴェルブシュという人は著書『楽園・味覚・理性　嗜好品の歴史』（法政大学出版局）のなかで、嗜好品の歴史から時代・社会を読み取ることを試みていて、「中世ではワインが嗜好品として好まれたが、近代になってコーヒーが台頭した。産業革命と連動するように起こったこの現象は、社会が酩酊状態から覚醒状態に変化したことに発する時代の要請である」

というようなことを述べています。

一言で言えば、「近代以降はもう酔っ払っていてもいい社会ではなくなった」ということです。興味のある方はご一読ください。

もうひとつ、「勉強のおつまみ」に最適なものがあります。チョコレートです。

「疲れた脳は糖分を欲している」とはよく言われること。脳が大量のブドウ糖を消費することが根拠のようです。

もっとも「否定論」もあって、事の真偽は定かではないものの、私自身は、

「甘いものは脳の疲れによく効く」

と実感しています。

それもあって、チョコ好きの私は、カバンのなかにいつもチョコを入れています。コーヒーとチョコは私にとって、勉強効果を最大化する飲み物とおつまみなのです。

もっとも、カフェインや甘いものは摂り過ぎると体に毒、ということもありますので、そのへんは上手にコントロールしながら取り入れるといいでしょう。

寝付きが悪いのも悪くない!?

「体が資本」とよく言われますが、学び直しも同じ。「身心」が健康でなければ、勉強効率は下がる一方です。〝心身〟ではなく〝身心〟としたのも、身が先だと考えるからです。

とりわけ大事なのは、睡眠時間をしっかり確保することでしょう。眠たい目をこすりこすり本を読んだって、活字が意味を成す言葉として頭に入ってきませんからね。

あの大谷翔平選手が言っているように、「寝るのは大事なこと」。睡眠は身心の元気を支え、仕事や活動のパフォーマンスを大きく左右するものなのです。

私自身はどちらかと言うと「ロングスリーパー」で、毎日、7時間くらいは寝ています。それはいいのですが、「寝付きが悪い」のが問題。ベッドに入ってから、1時間くらいは眠りに落ちることができません。

ただ「何もしない時間ほどムダなことはない」と考える私としては、1時間もの時間を「眠れない、眠れない」と悩んで過ごすわけにはいきません。

そこで私は、寝付きの悪さを逆に利用しています。

寝転んだまま、だらだらと本を読んだり、ユーチューブを見たり。そんなことを1時間もしているうちに、決まって寝落ちしています。

これはもう〝睡眠儀式〟のようなもの。睡眠科学では「眠る前は部屋を明るくしないほうがいい」とか「目が冴えるようなことをしないほうがいい」などと言われますので、私の方法がベストとは言いません。いろんなやり方を試して、自分に合った〝睡眠儀式〟を見つけるのがよろしいかと思います。

よく「忙しいのに、よく7時間も睡眠時間が取れますね?」と不思議がられますが、私にとってはふつうのことです。短時間の昼寝もよくします。「最短時間で仕事をする」ことをモットーに、適宜〝ながら行動〟を取り入れながら、同時進行、マルチタスクで仕事を進めています。そのため睡眠時間が長いからといって、仕事時間が足りなくなることはありません。

世に寝不足に悩む人は多いと思いますが、それがもし「睡眠時間を削って仕事をしている」ことに起因するとしたら、働き方を考え直したほうがいい。50代にもなって、睡眠時間を確保できないような働き方をしてはダメ。脳のパフォーマンスが落ちるだけです。

学び直しは健康法に通じる

50代にもなれば、どんな健康法が自分の体に合っているか、くらいのことは先刻承知でしょう。

巷に流布されている情報からいいとされる健康法を片っぱしから試してみるのもいい。けれども合う・合わないには個人差があるので、そこから自分に合うものだけをチョイスしていくことのほうが大切なように思います。

私は健康補助食品が好きで、ＤＨＡやマルチビタミン、ニンニク系など、元気が出るものを数種類飲んでいます。

いろいろ試しながら、「これはいいな。自分の体に合ってるな」と思ったものを残し、自分にとってのサプリの〝エリート集団〟を形成している感じですね。

それにプラスして、朝はシークヮーサーとアサイーとニンジンのジュース。これを飲めば風邪をひきにくくなると、自分で勝手に思っています。

またお風呂やサウナが好き。40年も前からの、筋金入りの「サウナー」です。これをデトックス系の健康法と位置づけています。

それと、運動も欠かしません。テニスは「昔取った杵柄」よろしく技術が身についているので、いまも楽しく続けています。

最近、これに卓球が加わりました。かつて中国で1位になったことのある、すごい人に教わっています。

逆に「自分の体に合わない」からと、やめたこともあります。その代表例がお酒。まったく飲めないわけではなく、その気になれば3合、4合くらいはいけます。若いころはそれで自分は飲めると勘違いしたのですが、二日酔いがひどくて、じつは体質的にお酒に弱いことに気づきました。

加えて45歳くらいのときに、あまりにも忙しくて体調を崩したことが重なって、ピタリとやめました。お酒というのは不思議なもので、飲まなくなると、どんどん弱くなる。いまではビール1杯でも後がきついので、ほとんど飲んでいません。

私にとっては合わないお酒でも、自分の体に合っている人にとっては健康にいいものにもなるようなので、やはり自分の体質と相談するのが大事でしょう。

もうひとつ、とっておきの健康法があります。ズバリ、学び直しです。

ただし学ぶだけでは足りなくて、プラスαとして、学んだこと、教養として身につけたことを誰かにおしゃべりすれば、立派な健康法になります。なぜなら、

「しゃべることはストレス解消になる」

からです。

しかも人にしゃべることはイコール、インプットした知識をアウトプットすることなの

で、学んだことをしっかりと記憶に刻めます。教養がまさに自分の身になるのです。

みなさんにはぜひ「学び直しは健康法に通じる」と捉えて励んでいただきたいところです。

健康法全般について、福沢諭吉が『童蒙教草《どうもうおしえぐさ》』という本の「巻之二　第十一章　養生の事」という項目で、「健康十箇条」を掲げておられます。そして、これを守れば、「養生は人間が果たすべき勤め。みんながこの『健康十箇条』を守れば、世界中からほとんどの病気がなくなり、人間の幸福が維持できる」としているのです。

参考までにその十箇条を、要約してご紹介しておきましょう。

一．住まいは、小高く乾いた土地に建つ家を選びなさい
二．家はきれいにして、風通しを良くしなさい
三．ちゃんと身体を洗いなさい
四．毎日の食事に肉や魚をまじえなさい

五．毎日同じものを食べてもいけないし、おかずの種類が多過ぎるのもよくない

六．焼酎や酒は飲み過ぎないようにしなさい

七．毎日一時間くらいは外気に触れなさい。仕事は八〜十時間くらいがちょうどいい

八．濡れた衣服は片時も身につけてはいけない。寒い隙間風が入る家にいてもいけない

九．睡眠は六〜八時間とりなさい

十．心配し過ぎてはいけない。不幸なことがあっても、気を張って耐えなさい

6章

人生の分岐点となる！学び直しにおすすめの教養書35

——1冊読むごとに〝新しい自分〟と出会える

第一歩は「新書」に目覚めること

「50代からの読書」は、新書を軸にするといいでしょう。

なぜなら新書の世界には、あらゆる分野の知識が際限なく広がっているからです。豊かな教養を身につけるにはもってこいのテキストなのです。

まず「新書に馴染む」必要があります。みなさんのなかにはもしかしたら、いわゆる〝食わず嫌い〟の人もいるかもしれません。何となく「専門的な学術書っぽい、お堅いテーマの本が多いような……」といった先入観をお持ちなのでしょう。

けれども、たとえば新書の歴史を拓いた岩波新書は、1938年の創刊当時から、「現代人が身につけておきたい教養」をテーマとしています。専門書でも、学術書でもなく、一般書なのです。

たしかに昔は、少々難解なところがありましたが、いまはそんなに苦労せずに1冊読み通すことができます。読んでみるとわかりますが、意外と読みやすいのです。

それに近年は、さまざまな出版社から続々と新書が刊行されていて、「身近な教養書」としての存在感がいっそう増しています。もう〝食わず嫌い〟は返上しましょう。「新書を読まずして教養は身につかない」と覚悟を決めてください。

そのうえで何でもいいから、「知りたい」「学び直したい」と思うテーマで、新書のラインアップを検索してみましょう。必ずその思いに応え、しかもレベルの高い知識をわかりやすく、丁寧に解説してくれている新書が見つかります。

あとは自分の知的好奇心に従って、読みたい新書をどんどん読むのみ。新書市場にあふれ返っている知的教養に触れながら人生を歩んでいくことが、50代にふさわしい読書だと、私は思います。

私自身は若いころから、「岩波新書を制覇するぞ！」くらいの勢いで、新書を読みまくってきました。残念ながら達成はできていませんが、いまも〝新書読み〟を続けています。平均すると「月7、8冊ペース」でしょうか。

新書に限らず単行本・文庫本でも、本というのは読めば読むほど、知りたい知識が増えていきます。それにつれて読みたい本も増えていきます。終わりがないのです。

こんなふうに学び直しは「ゴールなきゴール」を目指すものでもあるので、50代からの生き甲斐にもつながるのではないでしょうか。

とりあえず「最低週に1冊」程度のペースで読んでいくと、すぐに新書の世界に馴染めます。必ずしも読破しなくてもけっこう。興味のあるところ、わかるところだけを「飛ばし読み」するスタイルでも、十分に〝勉強効果〟は得られます。

「著者に私淑する」気持ちで本と向き合う

新書に限らず、「本を読んで学び直し」と言うと独学のように思うかもしれませんが、そんなことはありません。著者という立派な先生がいるではありませんか。

書店の棚には、多種多彩な分野のそうそうたる先生たちの著書がひしめいています。すでに亡くなっている先生もいれば、外国で活動する先生、「知の巨人」とか「その道の達人・重鎮」などと讃えられる先生、新進気鋭の評論家先生、メディアで人気の現役バリバリの先生……学びたい先生たちを自由に選んで、講義を受けることができます。何という贅沢でしょう！

ポイントはあらゆる分野において、自分の知的好奇心にフィットする話をしてくれて、しかも心をわくわくさせてくれる案内者を見つけることです。

私にも分野ごとに、たくさんの案内者がいます。たとえばクラシック音楽なら音楽評論家の吉田秀和さん、美術の領域ならケネス・クラークさんや高階秀爾《たかしなしゅうじ》さん、山田五郎さん、日本史関係なら磯田道史さん、能のことなら観世寿夫さん、歌舞伎は渡辺保さん、宇宙については村山斉《ひとし》さんや佐藤勝彦さんなどなど、枚挙に暇がありません。

みなさんもぜひ、読書による学び直しを実践するなかで、私淑する先生を見つけてください。

彼ら、偉大なる先生たちが必ずや「知的興奮を引き起こす教養の世界」への案内者になってくれます。と同時に、学ぶほどに複数の教養の世界が立ち上がり、いろんな先生と精神的に親しく交流することができるでしょう。

以下、私が50代からの学び直しにおすすめしたい本を、新書・文庫の判型にかかわらず、ジャンル別に全部で35冊紹介しましょう。どの本を選んでも、読めば必ずや教養に向かう気持ちがいっそうかき立てられるかと思います。

歴史

①『古事記』――日本のなりたちを知る

日本人として、国のなりたちがよくわかっていないというのは、少々恥ずかしい。日本最古の歴史書『古事記』くらいは読んでおきたいですよね。

とはいえ、8世紀初めに稗田阿礼《ひえだのあれ》が誦習《しょうしゅう》した『帝紀』『旧辞』を太安万侶《おおのやすまろ》が筆録・編纂した3巻の書物の原文は、すべて漢字。じつに難解です。でも本居宣長が、その漢字をどう読むかを探求し、『古事記伝』を著してくれたおかげもあり、読めるようになりました。

上巻は天地開闢《かいびゃく》――天と地が分かれ、高天原に神々が現れたところから、物語が始まります。このなかの男神イザナキと女神イザナミが結婚。淡路島、四国、隠岐島、九州などの島々をコロコロと生み、最後に本州を生んだと伝えられています。妙に人間くさい神々のふるまいに、日本の神話としてのおもしろさが感じられます。

また「国譲り」の話など、権力闘争の観点から読むのも一興。大和朝廷の力が強くなり、出雲系の権力が中央から排斥されたことが想起され、古代史ロマンに浸れます。

なお中巻・下巻は、初代・神武天皇から第33代・推古天皇までの系譜と伝説が収録されています。歴史に名を残した人物が出てきて、神話とは違ったおもしろさがあります。

何も原文にこだわることはありません。たとえば『口語訳　古事記』（三浦佑之・文春文庫）、『超訳　古事記』（鎌田東二・ミシマ社）など、読みやすいもので挑戦してください。

②『留魂録《りゅうこんろく》』（吉田松陰）――死生観を学ぶ

江戸小伝馬上町の獄中にあった吉田松陰が、1859年、門下生全員に宛てた決別の書。処刑前日の夕方に認《したた》められました。30歳で亡くなった松陰は、「何歳で死のうとも、人間には四季がある」と考え、仲間にこんなふうに呼びかけています。

「もし私を憐れみ、真心を受け継いでやろうという人がいたら、それはまかれた種が絶えずに、穀物が年々実るのと同じこと。同志諸君、このことをよく考えて欲しい」

自分の命が枯れても、志という種は受け継がれる、ということです。

50代になると、死が急にリアルに見えてきます。けれども死を恐れながら後半生を生きるのはよくない。本書を通して、時代を大きく動かそうとした松陰の熱い魂に触れていただきたい。「いつ死んでも悔いはない」と思える人生を生きる気持ちが鼓舞されるでしょう。

③『史記』(司馬遷)——中国・古代史のドラマに高揚する

お隣の国、中国のことは歴史を踏まえて理解したいところ。古代史はとっつきにくいかもしれませんが、『史記』なら「興奮が止まらないほどおもしろい」ことを私が保証します。

『史記』が編纂されたのは紀元前90年代、漢の最盛期です。対象とされている時代は、伝説時代・五帝の黄帝から前漢の武帝まで。本紀《ほんぎ》(帝王の記録)12篇、表(皇帝たちの事績をまとめた年表)10篇、書(政治・経済の制度史)8篇、世家《せいか》(諸侯の記録)30篇、列伝(さまざまな分野で活躍した人物の行いを記録したもの。司馬遷を含む)70篇、の計130篇で構成されています。

なかでも興奮するのが「列伝」、中国史に輝くオールスター人物伝です。孔子、孟子、老子、孫子ら超有名な思想家が登場するわ、項羽と劉邦に代表される名勝負が出てくるわで、とにかくおもしろい歴史物語がてんこ盛りです。

歴史が好きになるお年ごろの50代にとって、必読書と言えそうです。

④『夜と霧』（V・E・フランクル）――主体的に人生を生きる

50代には戦争体験はありませんが、身近に戦争を経験した人がたくさんいた世代でもあります。本や映像などを通じて現実を掘り起こし、語り継いでいく責任があります。その意味でも、『夜と霧』は読んだほうがいいと思います。

著者のフランクルは、第二次大戦下、ナチス・ドイツの強制収容所アウシュヴィッツから、奇跡の生還を遂げました。本書にはその凄惨な実体験とともに、心理学者の目で観察した強制収容所の限界状態が記録されています。

私が衝撃を受けたことのひとつは、「希望を失った人から死んでいった」という事実です。それをフランクルは、「人生からまだ期待できることがあるかどうかではなくて、人生は何を自分たちに期待しているかが問題なのである」と分析しています。

つまり「自分が生きている意味は何かを問うのは間違い。人生が問いかけてくる問題に対して、自分はどういう使命を果たすべきかを考える。それが絶望から身を救うことにつながる」ということです。

生きていれば、これからも苦しいこと、つらいこと、理不尽に思うことがいろいろあるでしょう。そんなときは「フランクルならどうする?」と自分に問いかけてみてください。人生を主体的に生きる気力がわいてきます。

⑤『銃・病原菌・鉄』(ジャレド・ダイアモンド)——人類史最大の謎に迫る

「ヨーロッパ人はなぜアフリカや中南米などの他大陸を支配できたのか」という疑問から生まれた本。「勝者と敗者をめぐる謎」「食料生産にまつわる謎」「銃・病原菌・鉄の謎」「世界に横たわる謎」の4部・19章構成です。

たとえば「ヨーロッパは農耕も畜産も、メソポタミアや中米、南米アンデス地方より遅れて始めた〝後発組〟だった。おかげで、1から始める手間が省けた。結果、鉄や銃などの攻撃力の獲得に集中して取り組めた」「ヨーロッパは人口密度が高いために伝染病に悩まされたが、その分、人々の免疫力が高まった。大航海時代以降、免疫力の低い中米はヨーロッパ人の持ち込んだ病原菌により滅ぼされた」など、興味深い説が開陳されます。

学術的な本としては異例の世界的ベストセラーになったこの1冊、読まないという選択肢はありません。

⑥『真の独立への道』（ガーンディー）——近代文明を見つめ直す

「非暴力・非服従」を提唱したインド独立の父ガーンディーが、自身の思想と運動の基本理念について述べています。なかでも印象的なのは、

「イギリス人がもしインド人となって住むのなら、私たちは取り込むことができます。もしイギリス人が自分の文明と共に住みたいとしたら、インドに場所はありません」

という言葉です。

ガーンディーが抵抗したのはイギリス人ではなく、イギリス人が持ち込む近代文明だったのです。

いまも世界のあちこちで侵略戦争が起こっています。ガーンディーの戦いはいまも続いていることを再認識させられる、そんな1冊です。ガーンディーの「マハートマー（偉大

な魂)」を受け継ぐ気持ちで読みましょう。

古典

⑦『徒然草』(兼好法師)――先達に学ぶ姿勢を倣《なら》う

兼好法師は「人生を味わう達人」。その随筆集である本書は、生き方のヒントになる「いい話」が満載です。全244段の一段一段がおもしろく、ためになります。とりわけ「わからないことは、その分野に通じている達人に聞く」という姿勢を貫いているところがすばらしい。50代からの学び直しのお手本になるでしょう。

⑧『源氏物語』(紫式部)――モテる男の苦労を追体験する

平安時代に生まれた世界最高峰の小説。日本人なら読まずに一生を終えるわけにはいきません。与謝野晶子、谷崎潤一郎、円地文子、田辺聖子、橋本治、瀬戸内寂聴、大塚ひかり、林望、角田光代……そうそうたる作家の手による現代語訳が豊富に出ているので、自分にとって読みやすいものを選んで、一度読み切ってみるといいでしょう。その後に原作に挑戦するかどうかは、お任せします。

物語は、幼くして母を亡くした光源氏がその母に生き写しの義母・藤壺に恋をし、後年、その藤壺に生き写しの少女を理想の妻・紫上に育て上げることを縦軸に、幾多の恋愛を横軸に展開します。読み手は男女にかかわらず、光源氏の魅力に、モテるがゆえの歓喜と苦悩を追体験しながら引き込まれることになるでしょう。

女性一人ひとりが各帖ごとに丁寧に描かれています。

いまの時代にも新鮮な恋愛ドラマに、心が若やぎます。

⑨『枕草子』(清少納言)——自分の感性を肯定する

一条天皇の皇后、定子に仕えていた間に、清少納言が宮廷で見聞きし、感じたことを記した随筆。さまざまなテーマで似ているものを次々と列挙する「物尽くし」的なものや、日記風のものが混じった構成です。

清少納言に学ぶべきは、あらゆる物事を列挙し、それぞれに対して自分の感性を物差しに好き、嫌い、風情がある、興ざめだ、などと一刀両断にしていくところ。「自分の感性を前面に出して生きていきたい」50代の背中を押してくれそうです。

⑩『平家物語』――無常を感じ取る

平家一族の栄華と没落を描いた軍記文学の代表作。冒頭の一文――「祇園精舎の鐘の声、諸行無常の響きあり、沙羅双樹の花の色、盛者必衰のことわりをあらわす」に象徴されるように、物語の底流には日本人特有の「無常観」があります。「森羅万象、この世で起こることは一切が、片時も留まっていない」という仏教の教えとともに味わいましょう。

「敦盛の最期」「那須与一」「壇ノ浦の合戦」「大原御幸」など、情感あふれる名場面がいっぱい。ユーチューブなどで、琵琶法師の語りとともに楽しむのも一興です。

⑪『リア王』（シェイクスピア）――「こうはなりたくない老後」が見える

悲劇は、引退したリア王が、三人の娘たちに領土を委譲する場面から始まります。彼女たちに父を思う気持ちを語らせ、一番父思いの娘にたくさん遺産をやろうと試すのです。

このとき三女のコーディーリアの「言葉にはできない」という態度に、リア王は「お前には何もやらない」と激怒しました。ところが遺産を手にした2人の娘は、「金をもらえばもう用はない」とばかりにリア王を遠ざけます。

それでまたリア王は激怒。キレまくって、さらに絶望してひとり嵐のなかを彷徨います。孤独のどん底に落ちた老人、リア王の咆吼《ほうこう》が延々続くこのシーンが、一番盛り上がります。

やがてコーディーリアに再会したリア王ですが、気持ちが通じ合ったと喜んだのも束の間、姉たちの陰謀で彼女は殺されてしまいます。そして最後は「どいつもこいつも人殺しだ、謀反人だ！」と叫んで、自分も息絶える。まさに悲劇です。

この悲劇から50代が学ぶべきは、「老人が孤独に陥らないための心構え」。くれぐれも「リア王症候群」にならないよう、財産の生前贈与を急がない、ちょっとしたことでキレない、自分の老後は自分で何とかできるよう手立てをしておくなど、戯曲を味わいつつプランを練るといいでしょう。

⑫『ドン・キホーテ』（セルバンテス）――妄想を〝生きるエネルギー〟とする

主人公は、騎士道物語を読み過ぎて、自らを伝説の騎士であると妄想する50歳ほどの紳士。ドン・キホーテ・デ・ラ・マンチャと名乗り、従者サンチョ・パンサを連れて旅に出ます。けれども出で立ちからして時代錯誤。口ほどにもなく弱っちく、行く先々で物笑いの種になります。しかし、パワーはすばらしい。

笑える話満載のこの世界的ベストセラーを読むと、ありえない日常を妄想することが、行動力を、あるいは生きる力を生むエネルギーになることに気づかされます。ともすれば年齢とともに活力が失われていきそうな50代の心に、笑いと元気を運んでくれるのです。

近現代文学

⑬『百年の孤独』(G・ガルシア＝マルケス)——異世界に遊ぶ

1982年にノーベル文学賞を受賞して40年余り。つい先ごろ、文庫化されて話題になりました。設定は「コロンビアのあるコミュニティ出身のホセ・アルカディオ・ブエンディアとウルスラ・イグアランが、結婚を反対されたために村を出て、マコンドという村を開いた。その村の隆盛と衰退を描く100年の物語」です。

とにかく幻想的。同じ名の人物がたくさん出てきたり、現実と魔術が入り交じっていたり、ストーリーがうねうねしていたりで、頭がぐちゃぐちゃします。その感じを味わいつつ、随所に散りばめられた〝笑えるエピソード〟を楽しむ。そんな感じで異世界に遊ぶといいでしょう。わかりにくさがかえって心地よく、先進の知性に触れた気分になれます。

⑭『カラマーゾフの兄弟』（ドストエフスキー）——人間の心の闇を考える

ドストエフスキーの最後の長編小説。人間の心の深みを無意識の領域にまで踏み込んで表現し切った、世界最高峰の傑作です。これを読まなければ、教養人の名折れでしょう。

ストーリーの軸は「誰が父を殺したのか」。サスペンスを読むように楽しみながら、登場人物——好色な父親、情熱的な長男、無政府主義の次男、心清らかな三男らカラマーゾフ家の男たちに、父と長男が取り合う魅力的な女性、父がよそで孕《はら》ませた下男など、みんなが過剰なまでのおしゃべりを展開する、その内容に深く考えさせられます。『謎解き「カラマーゾフの兄弟」』（江川卓・新潮選書）のような解説書を読むと、理解がより深まるでしょう。

⑮『ファウスト』（ゲーテ）——生きる意味を考える

学問は無力であると絶望した大学者ファウストが、悪魔のメフィストフェレスと自らの魂と引き換えの契約を結びます。「20代の青年に若返り、すべての快楽を味わう旅に出て、もし『時よ止まれ』と感動したなら、魂を渡す」というものです。

清純な乙女グレートヒェンとの悲恋を経て、最後、ファウストは人類・社会のための創造的活動に身を投じていきます。

ファウストとともに旅をし、生きる意味を考える、そこにこの本を読む醍醐味がありま す。

⑯『老人と海』（ヘミングウェイ）——戦い続ける心意気を持つ

主人公のサンチャゴは老漁師。あるとき、ひとりで小さな帆掛け船に乗って沖へ。巨大なマカジキに遭遇し、見事に仕留めました。しかし喜びも束の間、サメの群れに襲われて、マカジキを食い尽くされてしまいます。

「戦いは勝ち負けじゃあない。命を燃焼させて、戦い続けたことに価値がある」

そんな主人公の心意気は、ビジネス戦士として戦ってきた50代の心に沁みるでしょう。

⑰『夢十夜《ゆめじゅうや》』（夏目漱石）――幻想の世界にたゆたう

漱石が「夢」の形式を借りて、自分の心の奥深くにある罪の意識や不安に現実感を与えた小説とされています。「第一夜」から「第十夜」まで10の夢が幻想的に詩的に語られます。

たとえば「第一夜」は、主人公が女から「私が死んだら、大きな真珠貝で穴を掘って埋めてください。そうして墓の傍《そば》で百年待っていてください」と頼まれる話。ラストがまた美しいシーンで、気持ちが高ぶります。

ほかにも「侍なのに無を悟れない」と馬鹿にされた私の話（第二夜）とか、明治の世になぜか鎌倉時代の運慶が護国寺の山門で仁王を彫っている話（第六夜）など、読者をいつの間にか現実から夢の世界へと引きずり込むような、不思議な魅力に満ちた短編集です。

本作品は、ユーチューブの窪田等さんの朗読で聞くのもおすすめ。漱石の文章のうまさに、あらためて感嘆させられます。

⑱『金閣寺』（三島由紀夫）——美しい日本語を堪能する

1950年に起きた金閣寺放火事件を題材にした作品。主人公の溝口は引っ込み思案で、吃音のためコンプレックスを抱えています。幼いころから父親に「地上に金閣寺ほど美しいものはない」と教えられ、やがて金閣寺の美しさに魅了されます。しかし同時に、金閣寺は自身の行動を邪魔する存在にもなっていきました。

金閣寺の美に復讐したい、独占したい……そんな気持ちが高じて金閣寺に放火するに至った心理的葛藤を告白体で描くその日本語の美しいこと！　音読して楽しんでください。

⑲『砂の女』（安部公房）——同じことを繰り返す日常を愛する

教師として同じことを繰り返す日常にうんざりした男が、砂丘の村を訪れます。そこで寡婦《かふ》がひとりで暮らす、蟻地獄のような砂の家に閉じ込められました。女と暮らすようになった男は、毎日、家が埋もれないように、砂をかき出す仕事をさせられるばかりで、脱出もかなわず、やがて「日常に埋もれればいいんだ」と思うようになっていきます。

ありえない設定なのに、妙にリアリティがある。そんな〝安部公房ワールド〟に足を踏み入れると、人間の存在は本質的に「反復」であると、悟ったような気持ちになります。

また。同じことを繰り返す日常に愛しさを覚えるようになります。

50代としては悪くない心境ではないでしょうか。

⑳『陰翳礼讃《いんえいらいさん》』（谷崎潤一郎）――日本古来の美意識に目覚める

日本文化を「陰翳」の観点から捉え直した随筆集。建築や食、衣服、文学、旅など、テーマ別に「陰翳によって生かされる美こそ、日本の伝統美である」と説きます。

京都や奈良の寺院に設えられた厠、燭台の灯りの下でより艶が出る漆器、羊羹の明るさを含んだ半透明の深い色合い……谷崎が畳みかけるように陰翳を賛美する文章を読んでいると、自分自身のなかに眠る古来の美意識が目覚めるような心地良さを覚えます。

思想・哲学・宗教

㉑『論語』（孔子）――人格の完成を目指す

これまで『論語』にまったく触れてこなかった人はいないでしょう。ただまっとう過ぎて、「説教くさい」という印象だったでしょうか。けれども50歳を過ぎて、ちゃんと読んでみると、あらためてその良さがわかる、そういう本です。

一番の良さは、何をもって「人格の完成」とするかを考え続けた孔子の言葉だけに、より善く生きるための行動指針になる言葉が豊富であることです。

たとえば「己の欲せざる所、人に施すこと勿《なか》れ（自分がされたくないことは、人にもしてはいけない）」という言葉は、「生涯行う価値のあるものは何か」と問われて孔子が答えたもの。簡単そうですが、実行するのは意外と難しい。しかも孔子は、常にそのように行うことを努めて、自然とできるようになるまで習慣化されることを求めます。

また特筆すべきは、「朝《あした》に道を聞きては、夕べに死すとも可なり（朝、人として踏むべき大切な道を悟れたなら、その晩に死んでもかまわない）」という言葉通り、孔子が老年になってなお自分の理想を追求し続けたことです。ほかにも、

「一《いつ》以て之《これ》を貫く（私はひとつの大事なことを貫いて生きてきた）」

「老者は之を安んじ、朋友は之を信じ、少者は之を懐《なつ》けん（老人には安心され、友には信頼され、若者には慕われる。私はそういう大人でありたい）」

「知者は惑わず、仁者は憂えず、勇者は懼《おそ》れず（知の人は迷わない。思いやりのある人は憂いがない。勇気のある人は恐れない。知仁勇こそが生きる王道である）」など、珠玉の言葉がいっぱい。50代の人がこれからの人生を正しく生きるエネルギーにもなるし、この先の道を照らす光にもなるでしょう。

㉒『老子』――欲から遠ざかった先にある幸せを噛みしめる

老子の思想は、簡単に言えば「世俗的な常識や価値観から自由になって、あるがままの自分で無為自然に生きていきましょう。それが満ち足りた人生というものです」という教えです。

無知無欲をすすめる老子の言葉は、ともすれば「仙人にでもならない限り、実践不可能」だと反発を買うところがあって、若いころに読んでもあまりピンとこなかったかもしれません。でも自然とさまざまな欲から距離を置くようになる50歳を過ぎるころから、じわじわと心に沁みてくるものです。

㉓『ブッダのことば』——孤独に強くなる

仏教では、「ひとりで生きていく」ことを基本としています。それが象徴的に示されているのが、仏教の開祖ブッダの言葉を集成した最も古い経典『ブッダのことば（スッタニパータ）』です。なかでも注目すべきは「第一、蛇の章」の「三、犀《さい》の角」に収録されている約40のフレーズ。すべて、文末が、

「犀の角のようにただ独り歩め」

という言葉で締めくくられています。

ブッダはおそらく、太く力強い犀の角に、「犀が角の先だけを見て、まっすぐ進んでいくように、人間もひとりでいることを寂しがらず、むしろ孤独を楽しむように生きなさい」という意味を込めたのでしょう。

年とともに孤独感を深める人は多いもの。ブッダの言葉は心強い支えになります。

㉔『般若心経』（玄奘《げんじょう》）——「悟った人」になる

『般若心経』は文字数が約260字と、非常に短いものです。とはいえ、このなかに全6

00巻におよぶ大乗仏教の思想「大般若波羅蜜多経《だいはんにゃはらみったきょう》」のエッセンスが凝縮されていると言います。こう言っては何ですが、お得感があって、ありがたいものですよね。

　そのエッセンスをさらに一語に縮めると、「空」。「物質的現象には実体がないのだから、執着してもしょうがない。執着を手放しさえすれば、心配事も悲しみもなくなる。それを理解し、行動できれば、誰もが『悟った人』になれる」というメッセージが込められています。

「悟るなんて、自分にはムリ」と思うかもしれませんが、私は「悟りは日常的なテーマにしていい」と考えています。何事であれ、「うまくいった！　完璧だ！」と思える瞬間があるでしょう？　そういうときは心に余計な感情はなく「空っぽ」です。その状態こそが悟りの瞬間だと思うのです。「いま、ここに悟りはある」ということです。

　慣れれば2分程度で全文を音読できるので、毎朝唱えてみてはどうでしょうか。最後の「悟りを開くためのマントラ（真言）」だけでもOK。「羯諦《ぎゃーてー》　羯諦《ぎゃーてー》　波羅《はら》羯諦《ぎゃーてー》　波羅《はら》僧羯諦《そうぎゃーてー》　菩提薩婆訶《ぼじそわか》（往き、往きて、彼岸に達せし者よ。まったき彼岸に達せし者よ。悟りあれ、幸あれ）」と唱えると、気持ちがすーっと落ち着くと思います。

㉕『旧約聖書』『新約聖書　福音書』――西洋文化への理解をより深める

キリスト教徒かどうかにかかわらず、聖書くらい通しで読んだほうがいい。50代は、心に安らぎをもたらす宗教と向き合うのにいい年齢でもあります。

『旧約聖書』はユダヤ教ならびにキリスト教の聖典。世界を創造した全能の神ヤハウェとイスラエルの民との間の契約と交流の物語です。神との関わりのなかで紡がれるイスラエルの民の歴史には、教典を超える読み物としてのおもしろさがあります。

一方の『新約聖書　福音書』は、イエスがユダヤの選民思想、つまり「ユダヤ民族だけが救われる」とした考えから脱却。「神を信仰する者はすべて救われる」としました。

キリスト教は、『旧約聖書』に加えて、イエスの言行録を記録した福音書をはじめ、初代教会の発展を記録した使徒言行録などを編纂した『新約聖書　福音書』を正典としました。

イエスの劇的な生涯を物語として読むもよし、イエスの言葉を人生訓とするもよし。あるいは西洋の文学や美術、音楽などに見られるキリスト教文化と絡めて読むもよし。いろんな読み方で学び直しが楽しめます。

㉖『コーラン』――イスラムの世界観を知る

『コーラン（クルアーン）』は預言者マホメットの口を通して語られた神、アッラーの言葉を集めた、イスラム教の聖典です。内容的には「お金を貸すときに利息を取ってはいけない」とか、「離縁された女にも公正に扶養の道を考えてやるべし」など、神を畏れる人間としての行動規範のようなことが細々と書かれています。読んでみると意外とわかりやすいものです。

イスラム教徒はいまや、世界人口の４人に１人を占めると言われています。いまもイスラエルとパレスチナの間で紛争が続くなど、イスラム教を知らずして世界情勢は理解できないと言っても過言ではないでしょう。

㉗『ソクラテスの弁明／クリトーン』（プラトン）――人物の大きさに敬服

ソクラテスは２５００年前・古代ギリシアのアテナイで活動した哲人です。ソフィストと呼ばれる弁論家たちをつかまえては問答を仕掛け、次々と言い負かしました。それでソフィストの恨みを買い、あらぬ罪をでっち上げられて悪者にされてしまうのです。

本書はその裁判記録です。ソクラテスは堂々と自分は正しいと主張し続けたものの、判決は死刑。脱走も可能だったのに、「悪法も法なり」と死刑を受け入れました。「不当な責めを仕掛ける、そんな不正な裁判に屈するものか。自分に非のないことを弁明し、受け入れられなくとも、仕返しはすまい。自分は不正をされても、不正はしない」と考えたのでしょう。

この本を読むと、ソクラテスの人格自体が作品だと思えます。正義を貫くじつに見事な人物だし、非常にポジティブ・シンキングなのです。プラトンが裁判をめぐるソクラテスの様子を書き残したくなった気持ちがわかります。

ソクラテスを自分の精神に刻むように読んでください。気持ちを強く持ってシニアライフを生きていく助けになるはずです。

㉘『ツァラトゥストラはこう言った』（ニーチェ）——「いま、この瞬間」を楽しむ

ニーチェの分身たる主人公ツァラトゥストラは、あふれ出る知恵を人々に与えようと、

山奥から麓へ下りてきます。そこから「超人思想」を説くスタイルで、物語が進みます。「禍福はあざなえる縄のごとし」で、幸と不幸は表裏一体。だからこそ「過去のすべてを肯定するしかない。そう覚悟を決めれば、生きる気力が満ちてくる」と、ツァラトゥストラは言います。

ニーチェはまた超人への精神プロセスを駱駝《らくだ》・獅子・小児の3つの段階で説明しています。50代のみなさんは「小児」の段階。「子どもに返って、『いま、この瞬間』を一心に楽しみ、己の世界を築いていく」段階だとされています。ちょっとワクワクしますね。

本書には「人生を力強く生きるための知恵」がいっぱい。名言を拾いながら読み進めると、きっと後半生を楽しむ元気が湧いてきます。

科学

㉙『重力波は歌う』（ジャンナ・レヴィン）――物理を読み物として楽しむ

重力波の直接観測に初めて成功！

アインシュタインが予言した重力波の存在が100年後に証明されたというニュースが

発信されたとき、世界に激震が走りました。

この偉業の陰で、理論分野・実験分野それぞれの天才たちはどんな試行錯誤を繰り返してきたのか。また研究者の間にはどんな確執があり、政治的駆け引きが繰り広げられたのか。関係者への直接取材に基づき、重力波を追究した人たちが織りなす人間ドラマが明かされます。

とくに文科系人間にとっては、重力波は理解しづらいもの。でも本書なら、ドキュメンタリードラマを見るように読めます。

私たちはこの〝100年目の奇跡〟の目撃者になれたのですから、「わかりません、知りません」では情けない。50代が身につけるべき教養のひとつとして、少しでも重力波の世界をかじっておきましょう。

㉚『ロウソクの科学』(マイケル・ファラデー)——科学的思考をゼロから養う

理科系が苦手な人は、まさに学び直す気持ちで読んでいただきたい1冊。あの「ファラデーの(電気分解の)法則」を発見したファラデーが、70歳のクリスマス休暇のときに王立研究所で催された数回の講演の内容をまとめたものです。

なにしろ大隅良典さんや吉野彰さんなど、ノーベル賞を受賞した科学者たちが、「科学に興味を持つ原点になった本」と言っているくらいですから、学び直しのテキストとしてピッタリです。

1本のロウソクを教材に、「なぜ？」の視点から湧いてくるいろんな疑問に、ファラデーが実験をしながら語りかけるように、わかりやすく答えてくれます。

たとえば「ロウソクはどうやってつくる？」「燃焼の仕組みは？」「ものが燃えるとはどういうこと？」「火をつけると、芯の部分がしぼんでいくのはなぜ？」「どうして炎は上に伸びる？」などなど。

科学的思考を養うのに、50代では遅い、ということはありません。

㉛『風の博物誌』（ライアル・ワトソン）――「風」をハブに知的好奇心を広げる

テーマは「風」ですが、ワトソンは好奇心のままに、物理学、地理学、生命科学、社会学など、さまざまな学問領域を横断的に論じます。風に関するあらゆる科学の成果を駆使する一方で、世界の宗教・文学・音楽に現れる風の姿を追うのです。読むうちに、自分の知的好奇心まで、風をハブに全方位的に広がる感じがします。

「二〇〇億年ほど前のことだが、宇宙は深呼吸をし、いったん息を吸い込んだ結果が明らかになると、今度は長く、ゆっくりと、心をこめて溜息をついた——」

ビッグバンをこんなにも詩的なフレーズで記述する、この冒頭を読んだだけで、本の魅力に引き込まれそう。

ワトソンの好奇心の幅広さに刺激されない50代はいないと思います。

㉜『利己的な遺伝子』（リチャード・ドーキンス）——「文化的遺伝子を残す」気概を持つ

初版刊行から半世紀近くを経たいまも、ドーキンスが解明した遺伝子の理論は古びない魅力があります。

「人間をはじめ、生き物はすべて、自己複製遺伝子が生き残るための乗り物である」とする説は衝撃でした。

「遺伝子を残す」ことを意識するのは、生物の本能。ただこの本を読むと、ちょっと気落ちします。というのも自分の遺伝子なんて、繁殖の過程で結びつく相手と半々で複製されるのだから、子々孫々に受け継がれたとしてもどんどん薄まってしまうからです。

けれどもドーキンスは、ある種の救いを提示します。人間は生物的進化に加えて文化的進化ができる生き物なので、文化的遺伝子を継承していくことが可能だ、と言うのです。

ドーキンスが「ミーム」と名づけたこの文化的遺伝子は、ひとつのアイデアや行動、スタイルなどが模倣を通じて、人から人へと伝播される現象を意味します。つまり誰もが、自身の生き方を通して、ミームの担い手になれる、ということです。

そういう気概を持つことが50代のかっこいい生き方につながる。私はそう考えます。

芸術・芸能

㉝『ゴッホの手紙』（ゴッホ）――芸術家の精神世界に親しむ

ゴッホは日本人にとても人気のある画家です。それは、ゴッホが日本の浮世絵師の職人気質《かたぎ》に魅了され、また生活と芸術の間に境目をつけない暮らしぶりにあこがれたことと無関係ではないかもしれません。何か共感するものがあったのでしょう。

であればなおさら、ゴッホのことを深く知りたくなりますよね。生前は才能を認められず、貧窮にあえぎながら絵を描き続けた、そんなゴッホの魂の記録とも言うべきものが、手紙として残されています。

本書では、上巻に親友の画家ベルナール、中・下巻にゴッホを物心両面で支えた弟テオドール宛ての書簡が収録されています。読み進めるにつれて、ひまわりや麦畑、糸杉、星空など、ゴッホがこれと決めた対象物に自己を没入させていった、その強いパワーが乗り移るかのような気持ちになるでしょう。

ゴッホに限らず、芸術家の内面を知って、作品をより深く楽しむ。それが、50代以降にフィットする芸術との向き合い方というものです。

㉞『風姿花伝』（世阿弥）――能を通して人生の本質を知る

おそらく外国人は「日本人なら基本的な素養として、能の良さがわかっているはずだ」と思うでしょう。けれども現実には、能の世界に触れたことのある日本人は意外と少ないような気がします。いささか悔しい感じがしますよね？

いままで能を見ることなく過ごしてきてしまった人も、臆することはありません。能というのは50代になったいまこそ良さがわかるもの。「いまが学び直しの旬」と捉えて、とりあえず能を大成した世阿弥の著書『風姿花伝』を読むことをおすすめします。

本書は観阿弥が後継者の長男世阿弥に、自身が得た知見や経験を口述し、それに世阿弥が解釈を加えて書として残したもの。人生の本質が凝縮された能の世界の芸道論を展開しています。人生論としても読めるところも魅力です。

キーワードのひとつは「花」。ほかの人にはないめずらしさ、新しさ、自分だけが表現できる特別な美しさを意味します。その花を会得するために「よくよく工夫すべし」と、随所で指南しているのです。

また「稽古を積んで、44～45歳になっても失せない花がまことの花」であり、そこに至れば「花は残るべし」と言っています。老いても花は残るというのですから、ここは50代の心に響くところではないでしょうか。花のあるシニアライフを心がけたいものです。

㉟『なめくじ艦隊　志ん生半生記』——落語に馴染む

五代目古今亭志ん生は、明治後期から昭和にかけて活躍した東京の落語家です。私は20歳くらいのときに落語の名人のテープを聞くことを、日々の慰めにしていました。とりわけ志ん生は落語がうまいことに加えて、気っ風がいいし、人柄の良さがにじみ出ているような声音がいい。気がついたら、志ん生の世界に引き込まれている感じでした。

その志ん生の半生記を口述した本書は、まるで落語を聞いているようなおもしろさ！定番の貧乏話や、酒好き・女好き・遊び好きの道楽者ネタなど、ヤンチャぶりが笑いを誘います。

私はいまも落語が好きです。若いときよりも50歳を過ぎたころから、より馴染み深く感じるようになりました。これまであまり聞いてこなかった人は、本書を入口に落語に〝入門〟してはいかがでしょうか。

参考までに、志ん生自身が語った「落語のある暮らし」のよさを引用しておきます。寄席に飛んでいきたくなること、必至です。

「落語てえものは、聞いていて決して害になるもんじゃない。落語ぐらいためになるものはありませんよ。落語をきいていると、自然と人間のカドがとれて、やわらかになってくる。やわらかになってくれば、いうまでもなく人とのあたりがよくなって、ものごとが丸くおさまる。夫婦の仲だってよくなるし、家の中も明るくほがらかになる。このせちがらい世の中をたのしく生きぬくためには、もってこいのものなんですよ」

以上、35冊を紹介させていただきました。

まずは、このなかから興味のある本を選び、読みながら、好奇心の枝葉をどんどん伸ばし、教養豊かな世界で自在に遊んでみてはどうでしょうか。その過程で、自分が学び直したいテーマがはっきりしてくるし、読みたい本もたくさん出てくるかと思います。

世の中に名著はたくさんあります。50代のうちに「死ぬまでに読みたい本」の当たりをつけておき、来るシニアライフに備えましょう。時間がたっぷりできたら、あとは学び直しによる教養ライフをどんどん充実させていくのみです。

何だか、年齢を重ねることに、ワクワクしませんか？　大いに知的に遊びましょう。

青春新書
INTELLIGENCE

こころ涌き立つ「知」の冒険

いまを生きる

"青春新書"は昭和三一年に――若い日に常にあなたの心の友として、その糧となり実になる多様な知恵が、生きる指標として勇気と力になり、すぐに役立つ――をモットーに創刊された。

そして昭和三八年、新しい時代の気運の中で、新書"プレイブックス"にその役目のバトンを渡した。「人生を自由自在に活動《プレイ》する」のキャッチコピーのもと――すべてのうっ積を吹きとばし、自由闊達な活動力を培養し、勇気と自信を生み出す最も楽しいシリーズ――となった。

いまや、私たちはバブル経済崩壊後の混沌とした価値観のただ中にいる。その価値観は常に未曾有の変貌を見せ、社会は少子高齢化し、地球規模の環境問題等は解決の兆しを見せない。私たちはあらゆる不安と懐疑に対峙している。

本シリーズ"青春新書インテリジェンス"はまさに、この時代の欲求によってプレイブックスから分化・刊行された。それは即ち、「心の中に自らの青春の輝きを失わない旺盛な知力、活力への欲求」に他ならない。応えるべきキャッチコピーは「こころ涌き立つ"知"の冒険」である。

予測のつかない時代にあって、一人ひとりの足元を照らし出すシリーズでありたいと願う。青春出版社は本年創業五〇周年を迎えた。これはひとえに長年に亘る多くの読者の熱いご支持の賜物である。社員一同深く感謝し、より一層世の中に希望と勇気の明るい光を放つ書籍を出版すべく、鋭意志すものである。

平成一七年

刊行者　小澤源太郎

著者紹介

齋藤 孝〈さいとう　たかし〉

1960年静岡県生まれ。明治大学文学部教授。東京大学法学部卒業後、同大大学院教育学研究科博士課程等を経て現職。専門は教育学、身体論、コミュニケーション論。『身体感覚を取り戻す』（NHK出版）で新潮学芸賞受賞。『声に出して読みたい日本語』（毎日出版文化賞特別賞、2002年新語・流行語大賞ベスト10、草思社）がシリーズ260万部のベストセラーになり日本語ブームをつくった。著書に『人生は「２周目」からがおもしろい』『何のために本を読むのか』『常識として知っておきたい 日本語ノート』（いずれも青春新書インテリジェンス）、『読書する人だけがたどり着ける場所』（SB新書）、『いつも「話が浅い」人、なぜか「話が深い」人』（詩想社新書）等、著書累計発行部数は1000万部を超える。TBSテレビ「情報7days ニュースキャスター」等テレビ出演多数。NHK Eテレ「にほんごであそぼ」総合指導。

50代《ごじゅうだい》からの「教養《きょうよう》」格差《かくさ》　　青春新書 INTELLIGENCE

2025年１月15日　第１刷

著　者　齋《さい》藤《とう》　孝《たかし》

発行者　小澤源太郎

責任編集　株式会社プライム涌光

電話　編集部　03(3203)2850

発行所　東京都新宿区若松町12番１号 〒162-0056　株式会社青春出版社

電話　営業部　03(3207)1916　振替番号　00190-7-98602

印刷・中央精版印刷　製本・ナショナル製本

ISBN978-4-413-04712-8